Général MALLETERRE

LA VICTOIRE DES FORCES MORALES
SA PORTÉE, SES CONSÉQUENCES

PARIS
LIBRAIRIE CHAPELOT

DE LA MARNE A L'YSER

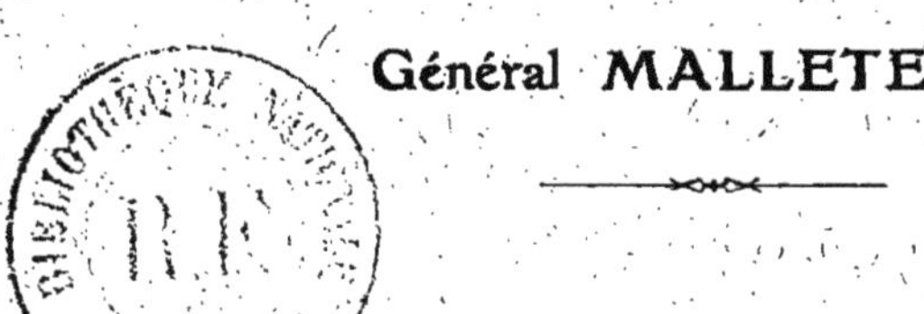

Général MALLETERRE

DE LA MARNE A L'YSER

La Victoire des Forces morales

SA PORTÉE, SES CONSÉQUENCES

PARIS
LIBRAIRIE CHAPELOT
MARC IMHAUS ET RENÉ CHAPELOT, ÉDITEURS
30, Rue Dauphine, VI⁶ — (Même Maison à Nancy)
1915

Aux Vainqueurs de la Marne

Un des combattants,
Gal MALLETERRE.

AVANT-PROPOS

On m'a demandé de réunir en brochure les
chroniques du « Temps », dans lesquelles j'ai
essayé de fixer les traits principaux de la victoire de la Marne. Comme le sont des études
de ce genre, publiées dans la presse, elles ne
se présentent pas sous la forme méthodique
d'un ouvrage spécialement écrit pour l'histoire
d'une période de guerre. Je leur ai laissé leur
indépendance relative. Cependant, à les relire
et corriger, elles m'ont donné l'impression
qu'elles pourraient apporter quelque clarté sur
des événements qui ont eu un grand retentis-
sement, mais qui s'estompent déjà dans le souvenir populaire. La prolongation de la guerre,
avec ses deuils, ses sacrifices, ses angoisses,
ramène trop les esprits sur le présent et fait
oublier le passé. Or ce passé est garant de
l'avenir, la victoire de la Marne domine toujours la situation militaire. Et il nous paraît
opportun, à ce moment critique où la lutte, au

lieu de se restreindre et de marcher vers son dénouement, semble s'élargir et se prolonger outre mesure, de rappeler cette victoire, à la nation. Ce que l'énergie nationale a accompli dans un sursaut admirable au mois de septembre 1914, après les revers du début, nous donne la ferme assurance du triomphe final et décisif, quelles que soient les épreuves que nous ayons encore à supporter.

GÉNÉRAL **MALLETERRE**

INTRODUCTION

LA VICTOIRE DES FORCES MORALES

Quelques amis étaient réunis, en août dernier, sur la terrasse d'un château, dans le Saint-Emilionais. Devant nous, le doux paysage des bords de la Dordogne étalait sous le clair soleil l'alternance des pampres aux tons d'or vert du célèbre vignoble et des frondaisons des bois, déjà teintées de rouille. A l'ombre des platanes centenaires, orgueil des terres du Midi, tout en nous laissant envahir par cette sorte d'alanguissement charmeur que produit, après l'action, le repos dans une ambiance sereine, notre causerie allait, d'un cours invincible, au delà des coteaux vaporeux, vers le seul sujet qui nous domine tous, et qui fait à la fois notre angoisse et notre espoir.

Tous, plus ou moins, nous sortions de la mêlée terrible. Ceux qui sont désormais impuissants à y prendre une part active ont le devoir de parler avec l'autorité de leur âge ou de leurs services passés, d'entretenir la confiance, la persévérance et de maintenir jusqu'au bout le courage des non-combattants, nécessaire, lui aussi, au salut de la patrie.

L'échange de nos pensées s'animait aux souvenirs qu'évoquait la date où nous nous trouvions assemblés. Le 21 août nous rappelait ces jours inoubliables de l'année dernière, quand nos troupes, pleines d'enthousiasme, s'élançaient dans une offensive générale contre l'ennemi, qui, après quarante-cinq ans de menace constante, revenait à la charge et ne dissimulait plus ses intentions de conquête et d'asservissement.

Toute la nation s'était levée, frémissante, indignée, consciente qu'elle était provoquée, et certes on ne pouvait reprocher à notre gouvernement et à la représentation du pays de n'avoir pas été jusqu'à l'extrême limite des manifestations pacifiques et des sentiments de conciliation, pour ne pas dire de concession! De ceux qui avaient voté, la mort dans l'âme, la loi de trois ans, loi de salut public, beaucoup ne songeaient-ils pas déjà, sous l'influence dissolvante de l'esprit de parti, à l'atténuer, à la corriger, à l'annihiler, au nom de ce sophisme : « Si la France affirme son pacifisme et se dérobe à la guerre, l'Allemagne ne pourra l'attaquer, et le désarmement se fera au profit de l'humanité et de l'internationalisme? »

Mais la foudre éclate soudain dans un ciel qui semblait pur, et déchaîne la plus effroyable tourmente qui ait jamais frappé le monde civilisé. Fragilité des prévisions humaines... et des illusions chimériques !

Or, dans la stupeur du coup de tonnerre, la merveille fut que la France resta debout, et que, contrairement à l'attente de l'ennemi, aucune défection, aucune défaillance ne troublèrent l'appel aux armes. L'union sacrée enveloppa amis et adversaires de la veille. Et ce fut le salut.

... Ainsi parlions-nous en revivant ces anniversaires tragiques. L'un d'entre nous me posa alors cette question : « Mon général, vous qui étiez à la bataille de la Marne, expliquez-nous comment vous comprenez notre victoire? Ici, dans nos pays éloignés du danger et des émotions immédiates, nous ne savons pas, nous raisonnons mal. Personne ne nous a expliqué le fait accompli. La lutte se prolonge, on oublie l'événement heureux déjà lointain pour ne songer qu'au présent angoissant. Cette victoire de la Marne a eu une portée qui s'affaiblit peut-être. Si l'on en connaissait mieux les causes profondes, si partout on la chantait comme un des signes certains du triomphe futur, notre foi n'en serait-elle pas accrue, et les sacrifices encore nécessaires n'en seraient-ils pas mieux compris et mieux acceptés ? »

Je fus surpris. A Paris, la victoire de la Marne a gardé son prestige et a contribué à fixer les traits de cette sérénité, de ce calme admirables qui marquent la vie de la capitale. Combien loin l'émotion des derniers jours d'août, alors que l'envahisseur apparaissait déjà aux portes de la Cité !

Pour nous qui suivons les événements de près et qui voyons l'avenir de justice à travers les réalités quotidiennes, la victoire de la Marne reste le fait dominant. Et sa portée s'exerce toujours, après un an de guerre sans exemple. Les revers de détail, les immobilités forcées du moment, les efforts inouïs de l'Allemagne sur

le front oriental, les probabilités d'une nouvelle
campagne d'hiver et de printemps ne démenti-
ront pas la force du coup qui a été frappé du
6 au 12 septembre. Le flanc de l'Allemagne a
été irrémédiablement ouvert, le meilleur de son
sang s'en est écoulé, et si le colosse a paru
reprendre son équilibre et a témoigné qu'il était
capable encore de formidables sursauts, il
garde dans la plaie le trait mortel.

L'interrogation qui m'était adressée sur cette
terrasse provinciale me fit comprendre tout d'un
coup les dangers de l'ignorance de la nation
sur les causes et les effets de ces événements
d'une importance capitale, et la nécessité d'é-
clairer l'opinion publique et de fortifier l'âme
populaire.

Qu'a-t-on dit sur la victoire de la Marne ?
Certes, elle a été célébrée par notre presse et
par celle de nos alliés. Des récits ont été pu-
bliés, des conférences ont été faites à Paris et
en province. Néanmoins, elle n'a pas pénétré
profondément, comme il l'aurait fallu, dans tous
les villages de France, dans tous les cœurs de ceux
qui sont à l'arrière, et peut-être même dans les
cœurs des poilus héroïques qui sont à l'avant.

« Vous avez raison, répondis-je, il faudrait que la victoire de la Marne fût l'acte de foi perpétuel de notre peuple, et qu'il n'y eût pas un enfant en âge de comprendre, pas une femme, qui ne sachent tout ce qu'il y a d'extraordinaire, dans cet événement. Ce serait sans doute au gouvernement à propager dans l'intérieur du pays, par ses écoles comme par ses agents officiels, sous forme de brochures populaires, et surtout par la harangue publique, cette certitude absolue de vaincre que nous a donnée la bataille de la Marne. On ne saurait mieux la qualifier qu'en l'appelant *la victoire des Forces morales sur les Forces matérielles*.

» Il y a eu dans cette victoire une part « mystique » autant qu'une part « militaire ». Mystique, non dans le sens religieux du mot, quoique ceux, nombreux en France, qui croient à la puissance des forces surnaturelles, aient pu considérer ce fait comme une sorte de miracle analogue aux missions de sainte Geneviève et de Jeanne d'Arc.

» En analysant ce retour imprévu de fortune, il faut bien reconnaître quelque chose de mystérieux, d'illogique, dans ce renversement sou-

dain des forces opposées, dont l'une était mani-
festement supérieure à l'autre. Comment ne
pas s'étonner que le plan germanique, si admirablement préparé, si sûr de la victoire, ait
échoué contre une armée à demi-vaincue?

» La psychologie primaire du germanisme n'a
pas tenu compte de facteurs qui échappent à la
balance humaine, tels que l'énergie latente d'une
nation et l'immanence d'une justice éternelle!
Ce sont ces « impondérables » qui dans l'histoire de l'humanité comme dans la physique du
monde, gouvernent, invisibles dans leur action,
mais formels dans leurs effets, les phénomènes
de la matière et de l'esprit.

» Sans doute, le « militaire » contribua à la
victoire. On ne louera jamais trop la résolution
avec laquelle le généralissime arracha nos armées à l'emprise d'une stratégie dont on n'avait
pas prévu la formidable audace, et cette retraite
méthodique qui les dirigea entre les camps retranchés de Paris et de Verdun, préparant ainsi
la manœuvre suprême qu'allait favoriser aux
deux ailes extrêmes l'appui de ces deux grandes places. Mais la perspicacité et le coup d'œil
dont fit preuve le général en chef en saisissant

le moment opportun et en lançant dans une
offensive presque désespérée toutes les masses
qu'il avait concentrées, n'auraient pas suffi à
changer la face des choses s'il n'y avait eu dans
l'âme des soldats cette force mystique qui les fit
réagir et se redresser contre toutes les épreuves
accumulées, contre toutes les défaillances phy-
siques et morales.

» J'ai vu cela à l'endroit où le sort m'avait
placé. Et quelle meilleure preuve puis-je donner
de cette merveilleuse réaction, qu'en disant ce
que j'ai vu moi-même en de telles circonstances?
Ab uno disce omnes! Ce qui s'est passé autour
de moi s'est reproduit sur l'immense champ de
bataille, entre les chefs et les soldats. L'histoire
de l'un des régiments est l'histoire de tous!

» Le régiment que je commandais faisait partie de la 3ᵉ armée et livra son premier combat
près de Longwy, les 21 et 22 août. Dans la
nuit du 21 au 22, aux avant-postes, nous
eûmes le spectacle émouvant de Longwy en
flammes, bombardé sans interruption. Nous
espérions par notre marche en avant délivrer la
vieille et héroïque citadelle. Le 22, la grande

bataille de Sambre-et-Meuse s'engageait de Mons à Longwy. Dans la zone étroite où agit un régiment, le colonel et ses soldats ne voient que l'objectif qui leur est assigné et qu'ils ont devant eux, ils ignorent ce que font les camarades, ils travaillent de leur mieux pour le but commun. La marche en avant, après quinze jours d'attente dans la Woëvre, avait ravivé l'enthousiasme du départ, l'élan était admirable. Comment fut-il brisé au premier choc? Nous le savons aujourd'hui. Mais alors nous ne pouvions juger que l'action présente.

» Dans la matinée du 22, après avoir gagné du terrain dans un de ces vallons ravinés et boisés qui caractérisent les abords des Ardennes, l'ordre de retraite surprit le régiment. D'un seul coup l'ardeur tomba. Les jambes furent coupées. Il fallut rétrograder péniblement; des unités échappèrent momentanément à la main du colonel. Le régiment couvrait la retraite, qui n'était inquiétée que par les gros obus de l'artillerie lourde. Ce fut leur première et assez émotionnante apparition. Pas de fantassins devant nous : un champ de bataille vide! Les Allemands étaient arrêtés, leurs brigades décimées

faisaient même demi-tour, mais leurs obusiers
formaient un barrage infranchissable. Devant
l'avalanche imprévue, nous reculâmes, sans
pertes d'ailleurs. On reculait... après avoir cru
à l'avance victorieuse !

» Le souci du chef est alors d'empêcher la
désagrégation et de maintenir le faisceau des
énergies collectives. Le ralliement se fit assez
facilement le lendemain sur une position de
repli dont nous préparâmes la défense. Les hommes étaient un peu étonnés, mais gardaient
leur bonne humeur et leur entrain.

» Cependant, après un second combat, le 24,
qui paraissait tourner bien, l'ébranlement de
troupes voisines nous obligea à un nouveau
recul. Ce ne fut pas encore sous la pression supérieure d'une attaque à fond que nous pliâmes
à nouveau ; l'armée allemande attendait sur
place, à bonne distance, en tirant posément,
l'effet de ses canons et de ses mitrailleuses. Nos
lignes s'énervaient de ne pouvoir avancer et
aborder l'ennemi et de rester sous l'averse incessante des obus de tous calibres. Plusieurs
assauts échouèrent... et l'ordre de retraite arriva
pour la seconde fois.

» Le soir, malgré des pertes sérieuses, le régiment était reformé autour du drapeau. Le lendemain, il attendit toute la journée, à la lisière d'un bois, une attaque qui ne vint pas. Les gros canons étaient occupés ailleurs.

» La retraite s'orienta définitivement vers la Meuse. Ce fut presque un soulagement. La Meuse était un mot magique. Elle représentait pour nous la ligne inviolable, avec les Côtes lorraines, les difficultés du passage, les possibilités de manœuvre vers la Woëvre et vers le nord. Notre troisième armée était bien l'armée de la Meuse, trait d'union entre les armées de Lorraine et les armées des Ardennes. La retraite n'était que le résultat d'une première offensive avortée. Sur la Meuse tout allait s'arranger. Nous continuions à ne rien savoir, sauf les succès d'Alsace, et cela nous suffisait! Je me doutais bien de quelque fâcheux accroc à notre plan d'opérations, mais connaissant la valeur de ces régions de Lorraine des deux côtés de la Meuse et les idées de notre état-major sur leur utilisation, j'étais convaincu que le dommage était réparable, et je faisais heureusement partager ma confiance à mes officiers.

»... Pourtant nous abandonnâmes la Meuse et nous vînmes jusqu'à l'Argonne. Ce fut une heure grave ! Dans les cantonnements des bruits troublants passaient : défaites en Belgique et Lorraine, retraite générale, émoi à Paris !... Puis, causée par les chaleurs de cette fin d'août, fatigue extrême des troupes, symptômes de fléchissement physique !

» Tout d'un coup, le 30 août, reprise de la marche en avant. Nous remontons vers le nord de 25 kilomètres. Étape dure, soleil implacable, mais le moral est remis : on marche à l'ennemi ! Et le soir, quand avant la chute du jour nous le surprenons et l'attaquons, c'est avec toute la vieille *furia francese* que nos soldats se lancent dans une charge endiablée, à la baïonnette, et rejettent en quelques quarts d'heure, à travers bois et vallons, à trois kilomètres plus loin, une brigade qui faisait flanc-garde d'un corps d'armée. La nuit arrêta la poursuite. Dans la ferme où l'on transporta les blessés, leur exaltation n'était pas tombée. Certains montraient leurs baïonnettes rougies et tordues : « Nous avons fait de la bonne besogne : vous êtes content, mon colonel ! »

» Ces journées du 29 et 30 août marquèrent le premier retour offensif de nos armées. Et quoique la retraite générale ait dû se poursuivre, nos bousculades de l'ennemi à Guise, à Lannois, à Fossé-Nouart eurent les plus heureuses conséquences et préparèrent le grand choc de la Marne.

» Au moment où, le 6 septembre, le généralissime adressait aux armées son fameux ordre du jour, la troisième armée, par une habile conversion, avait pivoté, la droite à Verdun, et faisait face au nord-ouest. L'armée du kronprinz, qui descendait prudemment le long de l'Argonne, dut obliquer au sud-est et fut désormais accrochée par la troisième armée ; elle tournait presque le dos aux armées allemandes du centre. La masse allemande fut ainsi prise entre l'armée de Paris et la troisième armée.

» Le hasard avait placé mon régiment à la pointe extrême. Nous couvrions Bar-le-Duc. Or il s'était fait un trou entre la troisième armée et la quatrième, qui se battait à Sermaize. Le passage de Revigny était ouvert. La droite du kronprinz essaya de s'y engager. Pendant trois jours nous luttâmes, appuyés par quelques batteries de 75 qui firent du fameux travail! Nous tînmes jusqu'à l'entrée en ligne du 15ᵉ corps.

» Pendant ce temps se livrait la bataille de la Marne. Comme à la bataille de Sambre-et-Meuse, nous ne connaissions rien de l'ensemble. Mais nos soldats savaient pourquoi ils devaient tenir jusqu'à la mort. La grande idée du sacrifice nécessaire avait pénétré leurs cœurs, en même temps que la vision de la victoire possible. Ni la fatigue, ni la faim ne les abattirent. A mon poste de commandement, comme dans mes allées et venues, chaque fois que je rencontrais des unités désemparées qui reculaient, je n'avais qu'à leur dire : « En avant! Retournez au feu! » Et elles y retournaient.

» Tous les efforts demandés ont été accomplis, et il faudra des volumes pour relater les actes héroïques, individuels et collectifs, de la victoire de la Marne. De leur ensemble ne ressort-il pas qu'il y eut dans ce revirement du Destin quelque chose de plus grand encore qu'un acte de haute stratégie et de tactique militaires? Une immense armée qui se croyait victorieuse, qui marchait dans l'ivresse du triomphe, a été renversée par des soldats qui avaient subi la triple épreuve de la défaite, de la retraite et de la faim !

« Si leurs corps paraissaient épuisés, leurs cœurs n'avaient pas défailli. Et ce fut bien là le miracle, le miracle de l'énergie nationale, le miracle de la vertu de la race, le miracle de la tradition guerrière de la France.

« Et si un titre peut être donné à cette victoire, c'est bien celui de *victoire des Forces morales.* »

CHAPITRE I

LES LEÇONS D'UN ANNIVERSAIRE

Août 1870 — Août 1914

Il y a quarante-cinq ans, le 6 août 1870, deux
batailles se livraient simultanément à moins de
cent kilomètres l'une de l'autre, en Alsace et en
Lorraine. Et la double défaite française mar-
quait dès le début de la guerre la prochaine et
douloureuse mutilation du sol national. Wœrth,
Forbach! En quelques heures la vieille armée
impériale, où dominaient cependant les vétérans
des guerres victorieuses de Crimée, d'Italie,
d'Algérie, du Mexique, était blessée à mort du
premier coup qui lui était porté par une armée
d'un autre modèle, armée dont l'expérience guerrière semblait être réduite à la courte et bril-
lante campagne de Bohême, quatre années aupa-
ravant.

Tandis que les corps battus à Wœrth s'en
allaient sans s'arrêter jusqu'au camp de Châlons,
d'où ils ne devaient repartir que pour se préci-

piter au gouffre de Sedan, la masse principale, ébranlée par le premier revers, se groupait instinctivement autour de la place forte de Metz, au renom d'inviolée, et ne s'en détachait qu'à regret pour entamer vers Verdun une retraite incertaine. Dépassée et débordée par l'enveloppement, aussi téméraire qu'audacieux, d'un adversaire désormais convaincu de sa supériorité, l'armée de Metz subissait les deux batailles de Rezonville et de Saint-Privat qui la séparaient définitivement de la France. En quelques heures encore ses destinées étaient fixées.

Quinze jours plus tard, l'armée de Châlons, inconsidérément engagée au secours de Metz, disparaissait dans une catastrophe presque sans exemple dans l'Histoire. La bataille de Sedan, commencée à l'aurore, était close par la capitulation avant le coucher du soleil.

Cinq journées, six au plus, si l'on veut compter celle de Borny, avaient suffi à la destruction des forces organisées d'un pays qui passait pourtant pour avoir les meilleurs soldats du monde. Et un mois après l'ouverture de la campagne, le sort de la guerre était réglé. Les cinq mois de lutte qui succédèrent, et qui surprirent l'orgueil allemand, sauvèrent l'honneur de la nation sans conjurer l'issue fatale. Paris, à peine entouré d'une ceinture de pierre et de vieux forts négligés, ne succomba qu'à la famine.

Si nous rappelons ces souvenirs dont l'angoisse a pesé trop longtemps sur nos cœurs, c'est que nous pouvons aujourd'hui comparer ce qui fit alors notre désastre et ce qui en sera demain la réparation. Et ce retour sur des événements passés, dont la portée fut si grande sur le monde, nous ouvre précisément ces rapprochements de l'heure présente qui permettent à la fois d'expliquer, de juger les faits actuels et d'en tirer les leçons du moment et les certitudes de demain.

On comprendra mieux le péril auquel nous avons échappé, les transformations de la guerre actuelle, qui étonnent parfois, principalement en ce qui concerne sa durée, et les efforts qui sont encore nécessaires aux alliés pour achever l'œuvre de justice qu'ils ont dû entreprendre.

*
* *

Du 4 août au 4 septembre 1870, la victoire allemande fut décisive. Les événements ultérieurs, en retardant l'aveu de la défaite, ne firent que la confirmer.

Du 4 août au 4 septembre 1914, la victoire

allemande fut imminente. Il parut que la même
suite de catastrophes qu'en 1870 allait se repro-
duire avec une rapidité foudroyante.

Et à présent que le désastre a été non seulement évité, mais qu'un juste retour de fortune
a frappé l'adversaire en pleine ivresse du triomphe, on peut dire que les mêmes causes ont
failli produire les mêmes effets.

De même que l'armée de 1870 a succombé
sous le coup d'une organisation militaire dont
elle ignorait la supériorité, notre armée de 1914
a subi le choc du même organisme de guerre,
porté à une perfection qui n'avait jamais été
atteinte, et dont nous n'avions pas évalué à sa
juste mesure la formidable puissance.

Tout le monde sait aujourd'hui comment l'Allemagne avait préparé cette guerre qui devait
assurer son hégémonie, comment sa politique
perfide avait dissimulé le complot qui se for-
geait entre les Empires du centre depuis plusieurs années. Il est inutile de revenir sur ce qui
a été si clairement dévoilé. Mais, même aujour-
d'hui, et avec plus d'opportunité encore, puisque les événements le justifient et le comman-
dent, il est bon de rappeler les causes de cette
supériorité qui s'est manifestée si redoutable, si
capable d'efforts prolongés après des échecs

imprévus, et qui ne sera définitivement brisée que par une force devenue supérieure à son tour.

De ces causes diverses et multiples, nous ne retiendrons que deux principales, auxquelles nous consacrons cette première étude, parce qu'elles se retrouvent au même degré qu'en 1870 : supériorité de la stratégie et supériorité du matériel, en particulier de l'artillerie.

De la stratégie nous parlerons brièvement, puisque en somme le plan allemand de 1914, qui rappelait en plus kolossal celui de 1870, a avorté. Cependant, comme nous voyons encore se produire les conséquences d'une remarquable doctrine de guerre dans les opérations qui se sont déroulées cet été contre les Russes, un rapide aperçu sur les conceptions initiales ne sera pas sans intérêt.

Le fameux plan de Moltke en 1870, inspiré d'une connaissance approfondie tant du théâtre d'opérations que de la faiblesse de l'armée française, visait la destruction rapide de cette armée, après l'avoir coupée de ses communications avec l'intérieur du pays. Le dispositif stratégique prévoyait l'enveloppement de l'une ou l'autre aile, plutôt de la gauche, à travers la Lorraine, au sud de Metz. L'objectif définitif

et décisif était Paris. Il ne fut pas question
de la violation de la Belgique. La politique allemande était alors plus prudente et ménageait
les puissances qui auraient pu faire tourner à
mal la partie hasardeuse qu'elle jouait. D'ailleurs, le théâtre d'opérations entre le Luxembourg et le Rhin suffisait à la capacité d'offensive de l'armée allemande qui ne dépassait pas
600.000 hommes.

Le plan de 1914 dérive des mêmes méthodes.
C'est toujours l'enveloppement d'une aile, la
rupture des forces organisées sous le poids de
la supériorité numérique et matérielle, et la
prise de Paris.

Mais combien la conception stratégique est
plus grandiose! Car elle doit être en rapport
avec le développement formidable de la puissance allemande, et elle est obligée de faire
face successivement à deux théâtres d'opérations
fort éloignés l'un de l'autre : la France et la
Russie.

On a dit que de Moltke, avant de mourir,
dans ses dernières prévisions, avait laissé à
l'état-major allemand tout le programme de la
vaste manœuvre future qui devait s'étendre
jusqu'à la Belgique. Nous n'avons plus aucun
doute que la violation de la Belgique n'ait été

préméditée et préparée depuis fort longtemps.
Et ce qui peut sembler étonnant, c'est que nous
ayons été surpris par l'événement. Il serait injuste cependant de prétendre que notre état-
major ne l'ait pas pressenti et n'ait pris aucune
disposition pour y parer le cas échéant. Les
préoccupations du haut commandement se por-
tèrent à plusieurs reprises du côté de ces
régions des Ardennes et de Sambre-et-Meuse,
par où les Allemands pouvaient être tentés de
tourner notre front principal de Lorraine. A
mesure que s'accroissaient les armements et les
convoitises de l'Allemagne pangermaniste, des
écrivains militaires dénoncèrent de plus en plus
vivement le danger qui menaçait notre aile
gauche (1). Les écrivains militaires allemands
eux-mêmes ne dissimulaient pas la nécessité qui
s'imposait au commandement d'élargir la zone
d'opérations, trop resserrée, entre le Luxembourg
et la Suisse, et fermée dès le début à la manœuvre
favorite de l'enveloppement par les barrières
fortifiées de la Meuse et de la Moselle.

En outre, la Belgique, avec ses richesses éco-
nomiques et le grand port d'Anvers, sans comp-

____

(1) Voir aux annexes l'article écrit par nous le 14 septembre
1913 dans le *Petit Journal* : Sambre-et-Meuse, l'attaque par les
Ardennes !

ter le Congo belge, était une proie trop tentante et trop à la portée du pangermanisme pour qu'elle ne fût pas englobée, de gré ou de force, dans l'offensive qui devait donner à l'Allemagne les frontières de terre et de mer marquées depuis longtemps sur les cartes scolaires de l'empire.

Néanmoins, même en ces dernières années où la France, réveillée de l'engourdissement dans lequel la plongeaient lentement les morphjnomanes du pacifisme, apercevait enfin clairement le péril allemand, nos chefs d'armée restaient hypnotisés devant la frontière de l'est et les hypothèses d'attaque brusquée partant de la place d'armes d'Alsace-Lorraine. Très résolus d'ailleurs, après avoir subi un premier choc, à porter en avant les armées concentrées et à opposer offensive à offensive, ils avaient habilement préparé un échelonnement de corps de réserve destiné à faire face à toute attaque venant des Ardennes belges, attaques qu'ils estimaient d'ailleurs devoir être ralenties par la distance à parcourir et faciles à éventer.

On sait ce qui s'est passé. L'Allemagne a révélé en août 1914, comme en août 1870, cette force de conception, d'organisation et d'exécution, que les mêmes adversaires, pourtant avertis et méfiants, étaient encore restés impuis-

sants à surprendre dans sa mystérieuse élaboration. Car ce ne fut point seulement l'effrayante
et soudaine vision de ces armées emportées
par une stratégie aussi hardie que dédaigneuse
du respect des neutralités, broyant la Belgique
sous leur torrent, et renouvelant en quelques
jours les marches triomphales de 1870, qui fit
pénétrer le frisson à nos cœurs de soldats et
jeta l'angoisse dans le pays. L'impression, presque d'épouvante, disons le mot, vint de ce que,
sur tout ce vaste front, de Bruxelles aux Vosges,
les masses allemandes déployées parurent aussi
épaisses partout, et qu'on s'aperçut que l'organisation allemande avait doublé l'armée active
mobilisée par une deuxième armée, équivalente,
formée de corps de réserve, et qu'elle lançait
contre nous plus de deux millions d'hommes.

Mais ce n'était pas tout. A cette supériorité
numérique incontestable s'ajoutait une supériorité matérielle qui parut d'abord écrasante.

Nous n'ignorions certes pas avec quel soin et
quelle méthode les Allemands avaient associé
les forces de destruction aux forces de choc, et
qu'ils avaient attaché une importance de plus en
plus grande à la constitution d'une artillerie
extrêmement puissante. Mais tout d'abord nous
ne pensions pas que ce matériel, en voie d'exé-

cution, fût déjà à peu près au complet en 1914.

D'autre part, on se rappelle les polémiques et les discussions auxquelles donna lieu l'introduction de l'artillerie lourde dans nos formations de campagne. Nos artilleurs avaient une confiance absolue dans la supériorité de nos canons de 75, non seulement sur le canon similaire allemand de 77, mais sur les gros calibres adoptés par les Allemands : obusiers de 105, de 150, canons longs de 105, de 120 et de 210, etc. Et ils n'avaient pas tout à fait tort, car ils pensaient surtout à la guerre de mouvements, à la mobilité remarquable de leurs batteries, à leur expérience du tir défilé, à l'efficacité reconnue de leurs projectiles, et ils jugeaient non sans raison que l'artillerie lourde était surtout une artillerie de position, difficile à déplacer et à approvisionner, que sa portée plus grande et ses effets meurtriers et destructeurs étaient largement compensés par l'incertitude du réglage du tir sur des objectifs invisibles et mouvants, à grande distance.

Nous avons entendu le général Langlois, qui fut le créateur du canon à tir rapide, et dont le nom reste vénéré dans l'armée, dire son hostilité à l'introduction du canon lourd dans le matériel de campagne, mais en revanche il deman-

dait des munitions sans compter pour ce terrible
et dévorant instrument qu'est le 75.

On se rend compte aujourd'hui que la puissance destructrice de l'artillerie dépend autant,
pour ne pas dire plus, du ravitaillement inces-
sant, inépuisable de ses obus, que du calibre de
ses canons.

Comme le faisait remarquer le lieutenant-
colonel Boissonnet dans une étude récente,
les Allemands n'avaient pas seulement en 1870
un matériel supérieur au nôtre, mais leur ravitaillement était assuré avec abondance et méthode. Ils ont eu raison de notre artillerie et
ont maîtrisé le champ de bataille autant par le
nombre et l'efficacité de leurs obus que par la
plus grande portée de leur tir. Il n'y avait pas
alors d'artillerie lourde, elle était réservée aux
forteresses.

Ce n'est que dans ces dernières années que
l'emploi des pièces de gros calibres fut envisagé
pour la destruction des obstacles naturels ou
artificiels sur le champ de bataille même. Il
devenait évident que par suite des effectifs mis
en ligne par les nations armées, les champs de
bataille s'agrandiraient, les batailles elles-mêmes
dureraient plusieurs journées, (1) que de l'artil-

(1) Les batailles de Mandchourie ont duré plusieurs semaines

lerie pouvant être maintenue sur place dans des
positions favorables aiderait à faire les brèches
nécessaires dans les lignes fortifiées du terrain.
En France, on essaya des canons de 120, puis
des canons de 155 court, dits Rimailho, tous
attelés. Leur portée ne dépassait guère celle du
75, mais ils tiraient des obus explosifs qui, aux
expériences, donnèrent de bons résultats. Cependant les obus à la mélinite de 75 produisaient
dans les tirs d'efficacité des effets à peu près
comparables, et devant les contradictions des
idoines, la question de l'artillerie lourde resta
en suspens.

L'Allemagne, au contraire, entra résolument
dans cette voie, qui plaisait à sa conception de
la force brutale. Elle adopta successivement
l'obusier léger de 105, tirant un obus explosif
d'un poids double du 77 de campagne, puis l'obusier lourd de 150, et à mesure que les progrès
de l'industrie automobile permettaient la traction
sur route des poids lourds, elle fit construire
chez Krupp des pièces à longue portée. Ces batteries lourdes furent substituées à un certain
nombre de batteries de 77. En 1914, l'Allemagne disposait de 160 pièces environ par
corps d'armée, dont 16 obusiers légers, et en

et ont pris pendant un certain temps la physionomie de guerre
de tranchées.

plus, d'un certain nombre de batteries d'obusiers lourds et de canons à grande portée, dont le chiffre n'a pu être déterminé exactement (1).

Notre artillerie du corps d'armée ne comprenait que 120 pièces de 75. Chaque armée avait à sa disposition des groupes de 120 et de 155, matériel vieilli.

La même supériorité de nombre et de puissance se retrouvait donc comme en 1870. Et on s'explique ainsi la surprise terrible qu'éprouvèrent nos troupes quand elles se virent accablées au premier contact par des avalanches de projectiles parties de positions invisibles, que notre artillerie ne pouvait atteindre. Car il y eut ceci d'inattendu encore dans l'attaque allemande, c'est qu'avant l'abordage de l'infanterie, les déploiements des unités étaient précédés de véritables avant-gardes d'obus de tous calibres, ouragans de fer et de feu, arrêtant et renversant nos lignes énervées. Je ne sais que ce qui s'est passé devant moi et ce que j'ai entendu raconter par d'autres témoins. Je garde le souvenir de

(1) D'ailleurs la transformation de la guerre de mouvements en guerre de tranchées a développé dans des proportions extraordinaires l'emploi des gros canons. On utilise actuellement sur tous les fronts les gros calibres de siège et de la marine, et la durée de la guerre a permis de fabriquer des canons d'une taille et d'une portée grandissantes et qu'on peut qualifier de « colossales ».

certaines journées stoïquement passées sous les
obus, soit en position, soit en retraite, et de la
rage qui nous étreignait de ne pouvoir franchir
la distance qui nous séparait de l'infanterie
allemande.

Supériorité stratégique, supériorité numérique,
supériorité matérielle, tels sont bien les carac-
tères identiques des deux offensives allemandes
de 1870 et de 1914. Et l'Allemagne croyait bien
avoir aussi la supériorité morale, par la confiance en la force invincible de son armée et
par la conviction qu'elle avait de la faiblesse
relative de son même adversaire.

Seulement il y avait une paille dans son
armure, comme une fêlure dans sa psychologie.
La France de 1914 était supérieure moralement
à celle de 1870. Et après la surprise du premier
choc, elle se redressa dans un sursaut de ses
énergies nationales, et ce fut la victoire de la
Marne !

Au bout d'une année de guerre, la victoire de
la Marne reste le fait dominant. La guerre s'est
tranformée, elle s'est étendue sur d'immenses
fronts fortifiés, elle est devenue une guerre de
siège, où ont reparu les anciens procédés qu'on
croyait périmés. Même sur le front russe, où
elle a repris dans ces derniers mois la physio-

nomie classique de la guerre de mouvement de
jadis, les batailles se jouent sur des lignes de
tranchées qu'il faut bombarder violemment avant
de les attaquer.

Ces batailles ne sont plus des batailles d'un
jour comme celles de 1870, elles ne portent plus
le nom d'une localité qui fut le centre principal
de l'action. Elles se développent en espace et en
durée sur de vastes régions. Ce sont les batailles
de la Marne, de l'Aisne, des Flandres, de Champagne, de l'Artois, sur le front occidental; de
Pologne, des Carpathes, de Galicie, de la Naref,
de la Lithuanie, sur le front oriental; de l'Isonzo
sur le front italien, de la Morava et de la Macé-
doine dans les Balkans! On peut même dire
la bataille d'Occident, la bataille d'Orient!

La grosse artillerie a imposé désormais son
rôle dans cette guerre de forteresse. Les Allemands, quoique leur offensive ait été brisée,
ont gardé jusqu'à ces derniers temps le bénéfice
de leur formidable préparation. On a dû, à la
longue, après des espoirs déçus, se rendre
compte que l'Allemagne prolongeait la lutte et
frappait encore des coups redoutables, parce
qu'elle s'était tout entière uée men usine de
guerre. Malgré le blocus qui l'isole, elle trouve
dans son industrie mobilisée et dans les res-

sources de son sol de quoi alimenter encore largement son activité meurtrière. Pour la réduire, il faudra l'écraser sous ces avalanches d'obus qui sont toujours restées un des principaux éléments de son offensive foudroyante et qui lui ont permis de s'accrocher aux territoires qu'elle a envahis.

Les Alliés ont compris que cette bataille gigantesque était avant tout une bataille d'usure, dont le dénouement doit dépendre essentiellement d'une loi nouvelle : économie des hommes, prodigalité des munitions, proportion renversée entre les forces de choc et les forces de destruction, jusqu'au jour où la rupture d'équilibre par l'usure des combattants amènera le choc final qui brisera le colosse germanique.

… CHAPITRE II

LES VARIATIONS DU PLAN ALLEMAND
(1914-1915).

Le plan de 1914 dérivait d'une idée préconçue comme en forge le cerveau germanique. L'état-major allemand considérait qu'il n'avait à lutter que contre deux adversaires : la France et la Russie. Tout au plus, depuis que s'était consolidée la Triple-Entente, supposait-il une neutralité malveillante de l'Angleterre, qui réduirait les entreprises de la flotte allemande. La Triplice, appuyée plus ou moins effectivement par l'Italie, assurée en plus du concours de la Turquie et de certaines neutralités balkaniques, était en mesure de faire une guerre décisive contre deux puissances, dont la force totale était sans doute redoutable, mais qui étaient séparées et incapables de se joindre.

C'est précisément sur cet éloignement des deux alliées que le plan allemand fondait toute la réussite de son terrible jeu. Non seulement l'Allemagne et l'Autriche avaient le bénéfice de

ce que l'on appelle en stratégie la ligne inté-
rieure, avec une envergure assez grande pour
manœuvrer successivement et opportunément
contre l'une et l'autre des armées adverses, mais
le plan allemand escomptait en outre, à juste
titre, l'écart de temps qui s'interposait entre les
deux mobilisations française et russe et qui ne
permettrait pas aux deux états-majors de Paris
et de Pétrograd de combiner dès le début des
opérations simultanées et concordantes.

Le commandement allemand estimait que les
masses russes concentrées à l'est de la Vistule
ne pourraient entreprendre une offensive d'ensemble que quelques semaines après l'entrée en
ligne des armées françaises.

Le plan était donc aussi simple qu'audacieux :
— attaque en masse avec deux millions d'hommes, l'élite de l'armée allemande, contre la
France, adversaire principal et le plus rap-
proché ; — défensive expectative sur le front de
Pologne, en attendant que l'armée autrichienne,
ralentie aussi par sa mobilisation, pût s'avancer
et contenir les Russes hors de Galicie.

L'écrasement de la France en quatre à cinq
semaines ne faisait aucun doute. Le kaiser
entrait à Paris. Puis la masse victorieuse se
retournait à l'est, traversait en vitesse l'Alle-

magne délirante, et renouvelant la même manœuvre, chassait les Russes de la Pologne. Le kaiser entrait à Varsovie.

Devant cette double démonstration du génie germanique, l'Europe se prosternait, et la paix s'ensuivait, conforme aux rêves d'hégémonie de la Kultur!

On peut s'étonner aujourd'hui qu'une telle partie ait été considérée comme ayant des chances de réussite, et surtout qu'elle ait failli aboutir. L'état-major allemand faisait vraiment trop bon marché des forces de résistance des deux nations. Il croyait les surprendre à l'heure critique où elles commençaient à peine à discerner le danger qui les menaçait. Et rien ne peut laisser supposer que même après des revers successifs, même après la prise de Paris et de Varsovie, les armées française et russe se soient mises d'elles-mêmes hors de combat, et que la lutte ait été close.

Le plan a échoué, faute de quelques prévisions que des gens moins imprégnés du concept matérialiste de la force brutale auraient sans nul doute fait entrer dans les calculs de leur supériorité. La psychologie germanique n'a pas encore compris et ne comprendra probablement jamais que l'Angleterre soit intervenue pour l'honneur d'un chiffon de papier portant sa signature, et que l'Italie n'ait pas voulu se faire la complice de la spoliation de la Serbie et de la violation de la Belgique. Elle ne comprendra pas davantage que toute cette stratégie formidable, qui avait combiné les forces de choc et de destruction dans l'organisme de guerre le plus complet qui ait jamais existé, soit venue stupidement se briser sur les rives d'un fleuve désormais célèbre, contre les forces morales d'une nation estimée inférieure par tous les docteurs de la Kultur.

D'autres petits accidents ont contrarié l'action foudroyante du plan allemand : la résistance imprévue de l'héroïque Belgique, la soudaine offensive des Russes en Prusse orientale dès le mois d'août, la déroute autrichienne aux confins de la Galicie.

Les cartes tournent et n'amènent pas les atouts désirés.

Après la bataille de la Marne, l'état-major allemand paraît fort désemparé, et il eût subi dès lors le juste châtiment de son infatuation, si nous avions pu ravitailler notre artillerie et si nous avions eu une cavalerie moins fatiguée. Devant l'arrêt de nos troupes sur l'Aisne, les Allemands se ressaisissent, et tandis qu'ils couvrent fiévreusement leur front de lignes de tranchées, ils improvisent le plan nouveau que les événements leur imposent (1).

L'écart de temps est maintenant comblé entre les deux adversaires de l'est et de l'ouest. Il faut opérer sur les deux faces à la fois. La répartition des forces doit changer. C'est alors qu'intervient la remarquable organisation du réseau ferré allemand. La grande navette stratégique qui devait transporter les troupes victorieuses de France en Pologne va se décomposer en des alternances d'aller et retour, d'un théâtre d'opérations à l'autre, suivant les besoins et les circonstances. L'état-major allemand y déploiera une virtuosité incomparable, et l'on doit attribuer la prolongation de la résistance de l'Allemagne et les succès qu'elle remporte encore à

---

(1) Il y a lieu de remarquer que l'Etat-major allemand ne s'est jamais résigné à avouer la défaite de la Marne. Les Communiqués allemands du 5 au 20 septembre sont absolument mensongers. Et quand la bataille se livre sur l'Aisne à partir du 15 septembre, l'Etat-major explique que le mouvement était voulu et que la situation reste favorable devant Paris et Verdun ! Jamais Etat-major militaire ne se sera plus couvert de honte que celui de Berlin, car si les diplomates et les politiques sont obligés souvent de dissimuler la vérité, le premier devoir du commandement est la franchise. Les critiques militaires des pays neutres ne s'y sont pas mépris. Le colonel Feyler dans le *Journal de Genève*, et le capitaine Gatti dans la *Corriere della Sera* ont fait justice du bluff allemand. Lire les Avant-propos stratégiques de Feyler et la *Guerre des Nations* de Gatti. (Voir plus loin, chapitre VIII).

la perfection de ses moyens de transports autant qu'à la supériorité encore persistante de son usine de guerre.

Du mois d'octobre 1914 au mois d'avril 1915, la stratégie allemande oscille entre l'offensive et la défensive de part et d'autre. On ne saurait mieux la caractériser qu'avec une expression un peu vulgaire : elle court au plus pressé. Elle garde cependant le sentiment de la prédominance de l'offensive et de l'attaque à fond, dont s'inspire sa doctrine de guerre, et dont elle espère quand même obtenir des effets de démoralisation chez ses adversaires.

C'est ainsi qu'en octobre les Allemands attaquent simultanément sur les deux fronts.

Sur le front occidental, après avoir cherché réciproquement à déborder et à envelopper les ailes extrêmes entre l'Oise et la Somme, les armées opposées se sont étendues jusqu'à l'obstacle infranchissable, la mer. *La course à la mer*, comme les rapports officiels ont appelé ces manœuvres successives, a amené peu à peu les deux adversaires vers le nord. Nous n'avons pu réussir alors à dégager les riches provinces des Flandres française et belge. La chute prématurée de Maubeuge et l'abandon de la grande cité du nord, Lille, restent des témoignages de l'erreur profonde dans laquelle nous étions tombés sur le plan allemand.

Mais les Allemands, dans leurs premières marches foudroyantes d'août, dans l'ivresse de leur entrée certaine à Paris, avait oublié que Dunkerque, Calais, Boulogne étaient à leur portée. Faute inouïe dont ils se sont aperçus trop tard, et qui leur a coûté des flots de sang!

En effet, à peine les Anglais, rejoignant les débris de l'armée belge, ont-ils occupé la ligne de l'Yser et la région d'Ypres, qu'ils sont furieusement attaqués par toute une armée rassemblée en Belgique. Le kaiser a donné le mot d'ordre et l'objectif : « Calais! Prendre Calais! » Et ce n'est pas l'attrait d'une vaine parade, le vertige d'un nom et d'un souvenir historiques. Calais, c'est la maîtrise de la Manche, l'attaque de l'Angleterre par les sous-marins et les Zeppelins monstrueux! C'est peut-être la reprise de la conception napoléonienne, la descente dans l'île inviolée... Guillaume le Conquérant! Quel rêve!

Nous savons comment le plan allemand a encore avorté. Notre état-major sut jouer aussi des chemins de fer, et pour être moins colossales que celles qui emportent les soldats allemands de Belgique en Pologne, nos navettes ont toujours répondu à temps à celles de l'ennemi. Que cet hommage mérité soit rendu en passant à notre quatrième bureau et à nos compagnies de chemins de fer.

La victoire des Flandres, qui complète et consacre la victoire de la Marne, marque le dernier acte offensif de la stratégie allemande sur le front occidental. Avec la guerre de tranchées, elle passait désormais à la défensive, se bornant à fixer au sol une sorte de frontière militaire, suffisamment puissante pour interdire aux Alliés tout retour dans les territoires envahis qui devaient servir de gages au futur règlement de comptes. Depuis lors, les armées allemandes de France et de Belgique ne se sont livrées qu'à des attaques locales, plutôt sous forme de contre-attaques contre la pression lente et progressive que nous exerçons sur elles.

Nous avons engagé des batailles tactiques sur des zones plus ou moins étendues, dans le but de rompre les barrages et de forcer par contre-coup la retraite générale. Toutes ces tentatives d'offensive n'auraient pu prendre la forme d'une manœuvre stratégique à grande portée que si elles avaient réussi à ouvrir les brèches nécessaires. Quelles que soient les raisons qui les ont fait échouer, tout en confirmant cependant notre ascendant moral et en réalisant des gains sensibles qui nous ont placés presque partout dans les tranchées des premières lignes allemandes, il faut reconnaître que le plan défensif maintenu de notre côté par les Allemands a permis le développement et le succès du plan offensif dirigé contre la Russie à partir de 1915.

Ce fut dans les derniers mois de 1914 que commença à se manifester la variation du plan allemand. Il va désormais tourner tout ce qui lui reste de puissance offensive contre la Russie.

En effet le danger devient pressant. Les Autrichiens ont dû évacuer la Galicie. Les avant-gardes russes apparaissent en novembre sur les Carpathes et dans les alentours de Cracovie. La Prusse orientale, délivrée une première fois en septembre, est de nouveau menacée.

Un homme de guerre s'est révélé. Disgracié par le maître, Hindenburg s'était retiré sous sa tente. On le rappelle; toutefois on ne lui donne qu'un commandement sur le théâtre secondaire. Mais les armées de couverture de Varsovie et de Vilna attaquent plus tôt que l'état-major de Berlin ne l'avait prévu. Par une habile manœuvre Hindenburg, qui a reçu des renforts retirés du front occidental (avant la bataille de la Marne), bat successivement les deux armées russes mal engagées. Dès lors c'est lui qui prend la direction des opérations sur le front oriental. Le grand-duc Nicolas va trouver un redoutable adversaire, aussi expert dans l'art de transporter les grandes masses que dans celui de les conduire à l'attaque. Hindenburg joue avec les armées et les corps d'armée, des lacs de Mazurie aux versants des Carpathes, apparaissant partout au moment opportun, reformant de nouvelles concentrations et de nouvelles offensives après des défaites et des retraites presque désastreuses. L'Histoire rendra justice aux navettes de Hindenburg.

Nos lecteurs n'ont sans doute pas oublié ces terribles batailles des Quatre-Rivières, du Nord et du Sud polonais, qui ont rempli les mois d'hiver, et qui ont fait passer des alternatives d'espoir et d'angoisse dans les deux camps. Sans entrer dans les détails que ne comporte pas ce bref exposé, la comparaison des deux stratégies montre que les deux chefs, comme les deux armées, sont dignes les uns des autres.

Chacun s'est fixé, comme de juste, un objectif principal. Le généralissime russe, maître de la Galicie, poursuit la destruction de l'armée autrichienne et l'invasion de la Hongrie. Des consi-

dérations politiques autant que militaires déter-
minent ses directives. La manœuvre russe par
les Carpathes et la Hongrie est une manœuvre
d'*aspiration* des forces balkaniques; elle prévoit
la jonction des armées russes avec les Serbes
et les Roumains sur les routes de Vienne et de
Budapest.

Ainsi s'explique, malgré les attaques de Hindenburg en Pologne, la poussée continuelle qui
amène peu à peu les Russes, après la prise de
Przemysl. aux sommets neigeux et sur les cols
des Carpathes.

L'objectif de l'état-major allemand reste Varsovie. Mais la stratégie de Hindenburg vise plus
loin. Tandis que l'armée autrichienne, renforcée
de corps allemands, défend pied à pied les
routes de Hongrie, Hindenburg tend à envelopper et à briser l'offensive russe de Galicie
par de larges et obstinées manœuvres sur le
front polonais. Il échoue au centre, il remonte
au nord, il délivre une seconde fois de l'invasion
la Prusse orientale, puis il fonce sur la Naref.

Au mois de mars, tous ces efforts meurtriers
n'avaient pu détourner le grand-duc Nicolas de
son plan d'attaque vers la Hongrie. Il y eut un
moment ou les alliés purent avoir l'illusion que
l'Allemagne commençait à être essoufflée, que

ses œuvres vives étaient atteintes, que bloquée et encerclée comme une forteresse assiégée, elle allait être condamnée à la défensive, prélude de la capitulation. L'intervention de l'Italie semblait devoir entraîner les États balkaniques. L'Autriche était défaillante, et l'attaque de Constantinople, reprise en de meilleures conditions, porterait le coup fatal à la Turquie.

Et pourtant il n'était pas besoin de beaucoup de réflexion pour comprendre que l'Allemagne n'avait pas encore dit son dernier mot. Chaque jour se révélait l'étonnante et formidable prévoyance du militarisme et du pangermanisme associés qui avaient préparé cette guerre. Pendant que l'on croyait les armées épuisées et le pays aux abois, l'usine de guerre accumulait les armes, les munitions, les vivres, la diplomatie agissait avec son cynisme habituel, et l'état-major de Berlin montait le plan, vraiment colossal, dont nous voyons aujourd'hui les résultats sur le front oriental.

Les Russes s'attendaient sans doute à l'attaque, mais pas dans d'aussi vastes proportions, et le malheur voulut que pour des raisons que l'on ne peut dire actuellement et que l'Histoire dévoilera plus tard, les munitions leur manquèrent brusquement, et que la supériorité matérielle des Allemands devint écrasante. Ceux-ci ne l'avaient-ils pas prévu, et n'avaient-ils pas choisi à bon escient l'heure favorable? (1)

La stratégie allemande a montré à nouveau en 1915 toute sa force de conception, d'organisation et d'exécution. Le double enveloppement des armées russes, qu'elle a poursuivi sur un immense front de plus de quinze cents kilomètres, laisse une sorte de stupeur et dépasse tout ce qu'on avait fait jusqu'ici. Mais ce qu'il y a de plus étonnant encore, c'est que les armées russes y aient échappé. Et leur retraite est aussi admirable que la manœuvre qui les y a forcées.

A l'heure où nous écrivons, il paraît certain que le plan allemand de 1915, pas plus que celui de 1914, n'a donné des résultats décisifs. Les Allemands ont repris la Galicie, ils occupent Varsovie, Vilna, ils foulent la Pologne et une grande partie des provinces occidentales de la Russie. Le succès moral est incontestable.

(1) L'espionnage allemand était encore plus actif en Russie qu'en France. Il trouvait jusque dans la Cour impériale et dans les Ministères des concours qu'on ne peut expliquer que par les sympathies des fonctionnaires d'origine allemande et la vénalité de trop nombreuses personnalités. La presse a raconté les exploits de l'odieux colonel de gendarmerie Massoïédof qui trahissait l'état-major général et a, sans nul doute, causé les défaites russes de l'hiver dernier.

Mais au prix de quelles pertes, de plus en plus irréparables? Et qu'en adviendra-t-il?

Tandis que depuis trois mois l'effort principal est dirigé contre le front oriental, le front occidental s'est renforcé. L'Angleterre a mis en ligne sa nouvelle armée, constituée au courant de l'hiver, et a réalisé enfin sa mobilisation industrielle.

La stratégie allemande se retrouve en face de nouvelles et plus graves décisions.

Va-t-elle poursuivre, comme un fuyant mirage une victoire de plus en plus incertaine sur les routes de Pétrograd et de Moscou? Lui est-il possible, même en restant sur les positions conquises, de détourner du front russe quelques centaines de mille hommes pour les employer à d'autres tâches pressantes? Et de quel côté les dirigera-t-elle?

Nous ne ferons ici aucune hypothèse, et nous nous garderons de tirer des horoscopes que les événements démentent bientôt. Les critiques militaires doivent relire avec mélancolie les commentaires que les communiqués journaliers leur inspiraient au fur et à mesure de faits de guerre. Jamais guerre n'aura eu tant d'imprévu, tant de surprises, comme aussi n'aura soulevé tant de doutes et tant d'angoisses sur ses tragiques péripéties.

Nous assisterons sans doute avant l'hiver à de nouvelles manifestations de la force, encore très redoutable, de l'Allemagne. Il faut s'y préparer et les prévoir partout — sur notre front sur Calais, comme sur Paris — sur le front italien — sur le front serbe. Et peut-être celui-ci est-il le plus urgent pour les Impériaux comme pour les Alliés !

C'est par la Serbie qu'a commencé cette effroyable guerre. Les chemins de Constantinople passent toujours par les Balkans. Qu'ils soient définitivement fermés aux Impériaux, c'est la fin de la Turquie, la chute de Constantinople, et peut-être le dernier acte du drame (1):

(1) Ce que nous prévoyions en août s'est réalisé aujourd'hui. Une nouvelle variation du plan allemand a répondu à des nécessités pressantes. Quoique l'attaque des Dardanelles n'ait encore donné aucun résultat décisif, il apparaissait que la Turquie était en détresse et pouvait défaillir d'un moment à l'autre. La politique allemande a réussi à détacher les Etats balkaniques de la Quadruple Entente. La Bulgarie, dupée par les victoires de Russie, s'est rangée résolument du côté de l'Allemagne. La Grèce et la Roumanie gardent une neutralité prudente et provisoire. La Serbie est à peu près entièrement occupée par les Austro-Allemands et les Bulgares. Son héroïque armée a pu se retirer dans les montagnes du Monténégro et d'Albanie. Les Alliés sont arrivés trop tard à Salonique. Les Impériaux semblent donc maîtres des Balkans et leurs journaux annoncent déjà la marche sur l'Egypte ? Mais la Quadruple Entente, malgré ses fautes, n'a pas dit son dernier mot en Orient.

CHAPITRE III

LA VICTOIRE DE LA MARNE

De Charleroi à la Marne.

Le 5 septembre 1914, les armées de la République, en retraite depuis le 23 août, après l'échec de l'offensive générale, prise le 21 août, avaient reflué au sud de la Marne et de l'Argonne.

Leur front principal s'étendait entre Paris et Verdun. Leur aile droite formait une sorte de flanc oblique en Lorraine, de Verdun aux Vosges par Nancy. L'armée belge s'était retirée dans le camp retranché d'Anvers. L'armée anglaise tenait l'extrême gauche de la ligne française, au plus près de Paris, au sud de Meaux.

Les armées allemandes, emportées dans un élan formidable, ivres de victoire et d'orgueil, se ruaient vers Paris, que le gouvernement français venait de quitter. Les chefs allemands avaient déjà fixé l'entrée du kaiser dans la capitale.

Pour les Allemands, comme pour les puissances neutres, la défaite de la France ne semblait plus faire aucun doute. Le plan allemand allait s'accomplir comme il avait été prévu et préparé par les stratèges de Berlin.

Le 6 septembre, date inoubliable, le généralissime Joffre adressait à son armée le fameux ordre du jour qui devait changer la face des choses. Quelques lignes sublimes en leur concision et leur simplicité allaient suffire pour faire tourner la fortune au profit de la justice. Tous les Français devraient le savoir par cœur :

« *Au moment où s'engage une bataille d'où dépend le salut du pays, il importe de rappeler à tous que le moment n'est plus de regarder en arrière; tous les efforts doivent être employés à attaquer et à refouler l'ennemi. Une troupe qui ne peut plus avancer devra, coûte que coûte, garder le terrain conquis et se faire tuer sur place plutôt que de reculer. Dans les circonstances actuelles aucune défaillance ne peut être tolérée.* »

A l'appel du chef suprême, nos soldats font tête, s'élancent en avant. Les Allemands surpris s'arrêtent, subissent le choc imprévu. C'est la bataille de la Marne qui s'engage et va durer six jours. Le 12 septembre, c'était la victoire de la Marne.

On ne saurait trop la célébrer : elle n'a pas
de précédent dans l'Histoire, tant à cause des
effectifs combattants que des conséquences
qu'elle a eues. Elle n'a pas été une victoire décisive, comme Austerlitz, Iéna ou Waterloo,
puisque la guerre a continué et se prolonge
encore, mais elle a eu une portée morale qui a
fait passer pour ainsi dire la certitude de vaincre d'un camp dans l'autre.

A la date où nous écrivons ces lignes,
quand la lutte se poursuit sur un immense
front de bataille, entre des millions d'hommes,
avec un acharnement qui semble croître avec
le temps, la victoire de la Marne brille du
même éclat et reste toujours le fait dominant
de la guerre.

La stratégie et la tactique y ont eu leur part
essentielle, comme nous allons le dire. De
même que toutes les victoires, elle a été le
résultat d'une conception heureuse, d'une manœuvre habile, d'une exécution hardie. Elle n'a
pas été une surprise du hasard. Si la fortune
s'est retournée au profit de celui des deux
adversaires qui paraissait d'abord vaincu, c'est
que la valeur respective des combattants en présence s'est trouvée tout d'un coup modifiée,
comme nous l'avons indiqué dans notre précé-

dent chapitre, par l'intervention de ces forces mystérieuses que le philosophe qualifie justement d'impondérables et qui échappent aux
prévisions humaines et à la logique des choses.
Nous ne le redirons jamais assez : la victoire
de la Marne est une victoire symbolique. Elle
a associé à l'œuvre militaire toutes les traditions
d'un pays qui représente la civilisation européenne dans ce qu'elle a de plus ancien et de
plus pur, toute la vertu d'une race et toute l'é-
nergie d'une nation qui a résisté à des épreuves
séculaires, qui fait à la fois l'admiration et
l'envie des autres peuples. Elle a mis en jeu,
pour ainsi dire instinctivement, toute l'action
morale accumulée dans l'âme française, elle a
confirmé brusquement la supériorité des chefs
et des soldats, issus de la plus belle et de la
plus glorieuse des traditions guerrières. Et pour
la qualifier d'un terme qui, depuis quarante-cinq
ans, a dominé nos travaux et nos espoirs, elle a
été la victoire de la Justice immanente.

Pour comprendre la bataille de la Marne, il
est indispensable de connaître les faits de guerre
qui l'ont précédée. Entre le 21 août et le 6 septembre, les opérations se précipitent avec une
telle rapidité et une telle cohésion qu'on peut
dire qu'il n'y a qu'une seule immense bataille,

dont le deuxième acte, la Marne, est l'aboutissement fatal du premier, Charleroi. Tout le monde sait aujourd'hui que notre offensive échoua par notre défaite de Charleroi, que nos armées furent obligées de battre en retraite, que cette retraite fut conduite avec la plus grande habileté, que Paris fut menacé, et qu'enfin la victoire couronna l'héroïsme de nos soldats. C'est la vérité, mais trop nue, trop inexpliquée !

Charleroi, comme les autres affaires qui eurent lieu le même jour sur tout le front de Sambre-et-Meuse et des Ardennes, ne fut qu'une prise de contact, un premier choc entre les deux manœuvres stratégiques. La supériorité de l'une d'elles se manifesta et s'imposa si nettement que la bataille tactique fut rompue immédiatement, autant par la force des uns que par la volonté des autres. Et dès le 23 août, les deux stratégies opposées se développèrent dans toute leur ampleur, en vue de la bataille décisive, l'une dans la marche en avant sans arrêt, cherchant l'enveloppement, l'autre dans la retraite, guettant l'occasion favorable pour la reprise préméditée de l'offensive.

Nous devons donc, pour la clarté du récit, distinguer deux périodes : la période *stratégi-*

que, qui aboutit au redressement de nos armées sur la Marne, le 5 septembre ; et la période *tactique*, qui est la bataille de la Marne.

Période stratégique : du 21 août au 5 septembre. — Le plan allemand s'était dévoilé dès le 3 août par la violation de la Belgique. La guerre commençait par la bataille de Liège au lieu de la bataille de Nancy, prévue depuis si longtemps par notre état-major. L'attaque brusquée en Lorraine, qu'avait certainement préparée le commandement allemand, ne se produisait pas, soit que le renforcement de nos troupes de couverture en ait détourné les Allemands, soit que l'initiative des opérations prise par nos armées de Lorraine et d'Alsace en ait imposé à leur audace.

Notre concentration, comme notre mobilisation, s'était exécutée admirablement, témoignant de la perfection de l'organisation de nos transports et de la sûreté des précautions prises contre toutes les tentatives d'enrayage que l'on pouvait attendre du réseau d'espionnage et de destruction dont l'Allemagne avait couvert notre pays, eu particulier nos départements de l'Est.

Le dispositif stratégique de nos armées était orienté face au nord-est, de Mézières à Belfort, contre le danger, devenu classique, de l'invasion débouchant de la place d'armes d'Alsace-Lorraine. Mais des variantes, comme on dit en style stratégique, avaient prévu l'élargissement de la manœuvre allemande.

L'héroïque résistance de l'armée belge, qui fut un de ces « *impondérables* » inattendus, que la psychologie barbaro-germanique était incapable de discerner, nous permit de changer à temps le centre de gravité de nos forces et de faire front contre la formidable attaque qui, dès le 15 août, allait fondre, indubitablement, sur la gauche de nos armées.

Peut-être aurions-nous pu, puisque nous étions prêts à cette date, prendre l'offensive sans plus tarder, et attaquer hardiment dans les Ardennes et en Lorraine, avant que la conversion de l'aile droite allemande, enrayée par l'armée belge, ait pu atteindre ses objectifs : les routes des Flandres et de l'Oise. Mais il nous fallut attendre que l'armée anglaise fût débarquée et concentrée. Son intervention était trop utile (encore un *impondérable* qui se mit en travers du vertige impérial !) pour que nous ne la fissions pas entrer en ligne à nos côtés.

Ce ne fut que le 21 août que nos armées s'ébranlèrent ; elles formèrent deux grands groupements. Le groupe principal, comprenant trois armées, 3e, 4e et 5e, et un corps important de cavalerie, se porta franchement au nord, entre Charleroi et Longwy. L'armée anglaise était placée autour de Mons, étayant notre gauche. L'armée belge se retirait en combattant sur le camp retranché d'Anvers.

Le second groupe, 1re et 2e armées, engagées en Lorraine et en Alsace, mais diminuées déjà par des prélèvements au profit du groupe principal, ne pouvait exploiter ses succès précédents et cédait peu à peu à la pression supérieure des armées allemandes de Rhin et Moselle. Il se maintenait d'ailleurs autour de Nancy, et ses revers momentanés n'avaient aucune répercussion sur les opérations du groupe principal.

Le 22 août, la bataille est générale. Elle est connue sous le nom de Charleroi, où eut lieu l'action la plus violente et la plus décisive. Mais elle serait mieux caractérisée par l'appellation de bataille de Sambre-et-Meuse.

Il importe de faire remarquer, sans aucun esprit de critique, que la Meuse divisait le champ de bataille en deux parties qui ne pouvaient être reliées que par la maîtrise absolue des ponts entre Mézières et Namur. A l'est de la Meuse se déroule le plateau des Ardennes

avec ses vastes forêts, ses ravins profonds, et
les grandes coupures des rivières sinueuses, la
Semoy, la Lesse, l'Ourthe, etc. Les armées allemandes, qui y avaient déjà pénétré, marchaient
avec une certaine lenteur, attendant le déploiement de la manœuvre que les deux grandes
armées de von Klück et de von Bülow entrepre-
naient à travers la Belgique. Mais l'armée de
von Hausen, la plus proche de la Meuse, n'avait
pas négligé de s'emparer des ponts. Dinant était
attaquée dès le 15 août. Une division française
s'y maintenait après un brillant succès. Malheu-
reusement elle était appelée au nord, du côté
de Charleroi, et remplacée par une autre division qui succombait bientôt sous des forces
supérieures. Les Allemands tenaient Dinant et
Givet le 21, et Namur le 22. La coupure était
faite entre notre 5e armée opérant à l'ouest de la
Meuse à Charleroi, et nos 3e et 4e armées, opérant à l'est. La 5e armée et l'armée anglaise
recevaient, du coup, le choc des deux armées
von Klück et von Bülow et d'une partie de
l'armée von Hausen. Elles étaient enfermées
dans le saillant de Sambre-et-Meuse, et leur
situation devenait d'autant plus critique que
l'offensive des 3e et 4e armées avait été arrêtée
immédiatement au débouché des forêts des

Ardennes par une puissante organisation défensive, et qu'elles avaient dû se replier ensuite.

Le 23 août, la 5e armée et l'armée anglaise, menacées d'encerclement par la droite et la gauche, pliaient, non sans de vigoureuses contre-attaques. A ce moment notre état-major était fixé sur la situation stratégique. L'effort principal allemand, mené par un chef d'une énergie implacable, débordait notre aile gauche et poursuivait le rabattement et l'enveloppement de nos armées entre l'Oise et la Meuse.

Il y avait à choisir entre deux partis, et au plus tôt.

Comme, à tout prendre, nos troupes s'étaient bien comportées au combat, et qu'après la première surprise causée par l'artillerie lourde et les procédés de lutte des Allemands, nos armées n'étaient pas, en définitive, sérieusement entamées, il était possible de les reformer sur les positions de couverture reconnues dès le temps de paix, de les renforcer, de les ravitailler, et d'y attendre un nouveau choc en manœuvrant suivant les circonstances. Le danger était que l'impétuosité des chefs allemands, décuplée par leurs victoires des 22 et 23 août, ne nous laissât pas le temps de nous réorganiser et de nous consolider, et qu'une deuxième défaite n'entraînât un recul désastreux.

Le deuxième parti, plus douloureux et plus émouvant en apparence, était de rompre une bataille mal engagée, de faire une retraite méthodique et ordonnée jusqu'au moment où la situation s'éclaircirait, et de la poursuivre assez loin pour rendre du champ à une reprise d'offensive contre un ennemi épuisé par ses succès mêmes et entraîné par l'excès de son orgueil à commettre des fautes opportunes.

Ce fut l'honneur et la gloire du généralissime français, ne prenant conseil dans le débat de sa conscience, que du salut de l'armée et de l'Etat, de s'être déterminé à une retraite qui devait jeter l'émoi dans le pays et d'avoir maintenu chez tous, chefs et soldats, et même civils, la discipline et l'union des forces morales qui allaient triompher quinze jours plus tard.

Il suffit d'énumérer les étapes de cette retraite jusqu'au redressement stratégique qui en fut le terme pour comprendre la grandeur de la résolution prise le 24 août, et la victoire qui en a été la récompense.

Le 25 août, la 5e armée a réussi à se dégager et a pris position entre l'Oise et la Meuse. Mais l'armée anglaise, qui n'avait pu s'arrêter entre

Maubeuge et Valenciennes. et contre laquelle s'acharnait von Klück, était descendue entre Cambrai et Landrecie. Le 26, elle était violemment attaquée, et après une lutte héroïque, elle parvenait à échapper à l'étreinte et continuait sa retraite.

Les 3ᵉ et 4ᵉ armées, obéissant à l'ordre de retraite générale, abandonnaient, non sans regret, la ligne de la Meuse.

Le généralissime constituait alors, avec l'armée de Paris et des corps empruntés aux armées de l'Est, deux nouvelles armées, la 6ᵉ et la 9ᵉ armées, commandées par deux chefs qui vont s'illustrer dans la bataille de la Marne : Maunoury et Foch.

La 6ᵉ armée doit se porter au nord, appuyer l'armée anglaise et arrêter le mouvement enveloppant de von Klück. La 9ᵉ armée se forme dans la région de Laon et doit s'intercaler entre la 5ᵉ et la 4ᵉ armée, contre la poussée centrale.

Déjà, dans l'esprit du général Joffre, germe la reprise de l'offensive. Il la tentera les 29 et 30 août. L'armée Maunoury attaque au sud de la Somme, la 5ᵉ armée remonte sur Guise, où elle renverse la garde allemande, les 3ᵉ et 4ᵉ armées refoulent les têtes des colonnes qui ont passé la Meuse, dans de brillants combats à Launois et à Fossé-Nouart.

Mais l'armée anglaise est trop ébranlée encore. L'armée Maunoury, isolée, doit plier. La retraite continue avec la même fermeté. On ira jusqu'à la Seine s'il le faut! Le généralissime sait qu'appuyées aux camps retranchés de Paris et de Verdun, ne pouvant plus être tournées, les armées, non découragées, remises en main, seront capables non seulement de tenir tête, mais de s'élancer au signal qu'il donnera.

Le 4 septembre, nos armées étaient au sud de la Marne. Les armées allemandes franchissaient le fleuve. Le généralissime français est informé que l'armée de von Klück, qui paraissait vouloir attaquer Paris, a changé de direction et marche de nouveau contre l'armée anglaise, au sud de Meaux. Elle défile devant Paris, prêtant le flanc à l'attaque de l'armée Maunoury dissimulée derrière les forts extérieurs. L'heure attendue est arrivée. La faute espérée est commise : la bataille de la Marne va s'engager dans les conditions favorables que cherchait le général Joffre.

La stratégie a préparé l'œuvre, c'est aux soldats et à notre tactique française à l'achever.

CHAPITRE IV

LA VICTOIRE DE LA MARNE

La bataille (13 Septembre)

La bataille de la Marne a commencé le 5 septembre, avec l'intervention de l'armée de Paris
sur la droite de l'armée von Klück. L'ordre général du généralissime, en date du 5 septembre
au matin, prescrivait de prendre l'offensive sur
toute la ligne le 6, conformément aux prévisions
du dispositif ordonné le 4 au soir. Ainsi fut fait,
mais l'attaque qui surgissait soudain de Paris
se heurta, dès le 5 septembre dans l'après-midi,
aux avant-postes du 4ᵉ corps allemand de réserve,
flanc-garde de l'armée von Klück, au nord-ouest
de Meaux. De violents combats s'engagèrent
immédiatement à Penchard, Monthyon, Neuf-
montiers. Nos avant-gardes enlevèrent ces villages, et le 5 au soir, la manœuvre qui allait
donner lieu à la bataille de l'Ourcq et jouer un
rôle décisif dans la bataille de la Marne était en
pleine exécution.

Il semble qu'il se soit produit dans le public quelque confusion et qu'on soit porté aujourd'hui à distinguer et à séparer les deux batailles de l'Ourcq et de la Marne. Des récits particuliers et fort intéressants ont été consacrés récemment à la bataille de l'Ourcq. Elle a pu en effet être étudiée facilement sur les lieux mêmes, puisqu'elle a été livrée à proximité de Paris. Le champ de bataille est déjà un but de pèlerinage et de manifestations patriotiques, qu'on ne saurait trop encourager, tandis qu'il est assez difficile encore de se transporter sur les autres terrains où tant de sang fut versé, où tant d'héroïsme fut dépensé, où tant de gloire fut acquise.

La bataille générale s'est développée sur un front de près de 200 kilomètres, s'échelonnant pour ainsi dire de la gauche à la droite. Et si la victoire a été incontestable le 12 septembre, les combats se sont prolongés à notre aile droite, devant l'Argonne, jusqu'au 14 septembre.

Il n'y a donc eu qu'une seule bataille, et on ne saurait autrement la diviser, pour la décrire et l'analyser, que par journées et par armées.

Cependant, comme la manœuvre de l'armée Maunoury a bien été la cause déterminante de la reprise de l'offensive, c'est à juste titre qu'on doit la mettre au premier plan dans un tableau d'ensemble comme celui où nous essayons de fixer les traits essentiels d'une bataille qui, nous nous plaisons à le répéter, n'a pas d'égale dans l'Histoire.

La 6e armée, placée sous le commandement du général Maunoury, avait été constituée le 26 août dans la région d'Amiens. Elle comprenait la 14e division (7e corps) et cinq divisions de réserve, pour la plupart transportées de Lorraine où elles avaient pris part aux premières batailles. Le corps de cavalerie Sordet coopérait avec elle. Elle entra en ligne le 29 août, au sud de la Somme. Dans l'esprit du général en chef, elle était destinée à appuyer l'armée anglaise, fortement pressée par l'enveloppement de l'armée von Klück, à intervenir par une manœuvre contraire sur la droite de cette armée, pendant que l'offensive générale serait reprise par toutes nos armées. Eventuellement elle devait se retirer sur Paris, couvrir la capitale et concourir à sa défense.

La 6e armée combattit le 29 sur le front Proyart, Framerville, Chaulnes. Quand, malgré les succès de notre contre-offensive, en particulier à Guise (5e armée), le généralissime décida de continuer la retraite vers la Marne, l'armée Maunoury reflua sur Clermont, puis sur le camp retranché de Paris, où elle s'établit le 2 septembre dans la région nord.

Le général Galliéni venait d'être nommé gouverneur militaire de Paris et avait réclamé l'augmentation des forces de la défense; l'armée Maunoury allait en former la partie mobile. Mais le recul de nos armées sur la ligne générale Paris–Verdun devait entraîner l'absorption des deux grandes places dans le plan d'opérations du généralissime.

Le 2 septembre, en effet, une décision du ministre de la guerre plaça l'armée de Paris sous les ordres supérieurs du général en chef. C'est peut-être de cette mesure opportune qu'est sortie la bataille de la Marne, car elle associait étroitement le général en chef et le gouverneur militaire de Paris à l'œuvre commune. Leur entente allait mettre à profit l'occasion favorable que la présomption de l'ennemi offrait enfin à notre stratégie.

En effet, le 3 septembre, les postes d'observation du nord de Paris signalèrent que les têtes de colonnes de l'armée von Klück, qui avaient atteint Senlis et Nanteuil, semblaient, après s'être arrêtées, s'infléchir vers le sud-est, dans la direction de Meaux. Les reconnaissances confirmèrent le lendemain que le terrain était libre

au nord de Paris et que l'armée von Klück défi-
lait au nord-est, se portant sur la Marne. Il n'y
avait aucun doute à avoir que, remettant à plus
tard l'attaque brusquée qu'on avait pu craindre
sur Paris, l'aile droite allemande, sa grande conversion achevée, se portait à la bataille générale et décisive que le plan allemand, fidèle à la
doctrine de guerre, recherchait pour achever la
destruction de nos armées.

Le changement de direction de von Klück
était en lui-même logique, et on ne peut le considérer comme une faute stratégique. Que von
Klück ait obéi à des directives supérieures ou
qu'il ait agi de sa propre initiative, son mouvement devait l'amener à concourir à nouveau, en
temps utile, à l'enveloppement et à l'écrasement
de notre aile gauche. Mais la chose étonnante,
extraordinaire, fut que von Klück et l'état-major
allemand n'aient pas été informés, n'aient pas
même soupçonné qu'il y avait dans le camp
retranché de Paris une armée capable de prendre
l'offensive et d'intervenir au moment opportun.
Pour une fois, l'espionnage qui sévissait encore
dans la capitale manqua son coup. Mais, même
mal renseignés, les chefs allemands auraient dû
prévoir et craindre tout au moins une sortie de
la garnison. Von Klück crut prendre des précau-

tions suffisantes en couvrant son flanc exposé par un corps d'armée, le 4e corps de réserve, qui prit position sur les hauteurs au nord de Meaux. On doit présumer aussi que les Allemands s'imaginaient que l'armée anglaise n'avait plus de consistance et qu'ils la renverseraient facilement pour faire converger ensuite leurs efforts sur notre 5e armée.

Le 4 septembre, le général en chef et le gouverneur militaire prirent d'un commun accord la décision que comportait la situation nouvelle. Elle fut traduite dans les ordres donnés le soir même et complétés le 5 au matin (1). Ils contenaient en germe toute la victoire de la Marne! On peut les résumer ainsi : offensive générale, attaque centrale par les 4e, 5e et 9e armées et l'armée anglaise, attaques de flanc, à gauche par l'armée Maunoury, et à droite par la 3e armée, Sarrail.

A cette date, les cinq armées allemandes, von Klück, von Bülow, von Hausen, duc de Wurtemberg, Kronprinz, débouchaient en masse sur la Marne. Les trois premières la franchissaient de Meaux à Châlons, tandis que les deux autres, descendant de chaque côté de l'Ar-

(1) Voir aux annexes.

gonne, se portaient sur l'Ornain. L'armée du kronprinz visait particulièrement Verdun.

L'attaque française devait s'ébranler le 6. Nous avons vu que, dès l'après-midi du 5, l'armée Maunoury était aux prises avec la flanc-garde de von Klück.

Cette armée avait été renforcée par la 45e division, venant d'Algérie, par une brigade d'infanterie marocaine, et par le 4 c orps, prélevé sur la 3e armée et qui n'arriva que les 7 et 8 septembre.

Le 4 septembre au matin, le général Galliéni avait mis le général Maunoury au courant de la situation et lui avait indiqué la manœuvre possible. Toutes ses troupes devaient être orientées et prêtes à marcher vers l'est le soir même.

Conformément aux ordres du général Joffre, l'armée Maunoury poussait franchement de l'avant le 5 septembre et prenait le contact avec le 4e corps allemand. Par sa gauche elle dépassait et débordait les éléments de droite des positions allemandes vers Acy-en-Multien. Le 6, elle s'engageait à fond, comme les autres armées. Son objectif capital était Nanteuil-le-Haudouin, par où elle pouvait prendre à revers la ligne de bataille de l'armée von Klück, aux prises avec les Anglais. C'est sur cet étroit espace compris entre la rive droite de l'Ourcq et Nanteuil que pendant quatre jours se joua la partie décisive de la grande bataille.

Décisive! L'expression pourra paraître surprenante à l'égard des admirables combats livrés par nos autres armées et auxquels nous rendrons tout à l'heure la part qui leur est due.

Tous les efforts se sont remarquablement enchaînés. Jamais peut-être dans aucune autre bataille un tel élan offensif n'a été aussi continu, aussi égal partout, aussi lié d'un bout à l'autre d'un champ d'action dont les dimensions étaient inusitées. Et cependant le duel Maunoury-von Klück a été le nœud de la lutte. Si la 6ᵉ armée avait succombé, la victoire n'eût sans doute pas été acquise aux Allemands, mais le dénouement serait resté indécis, et les deux adversaires auraient commencé dès lors, sur les rives de la Marne, cette guerre de tranchées qui étonne le monde! Ç'eût été une plus grande partie de notre sol souillée et dévastée par l'invasion! Ç'eût été toutes nos provinces du nord, Calais, Dunkerque, aux mains de l'ennemi! La défaite et la retraite de von Klück ont entraîné la rupture de toute la ligne allemande.

Et l'on sait aujourd'hui avec quelle habileté

BATAILLE DE L'OURCQ

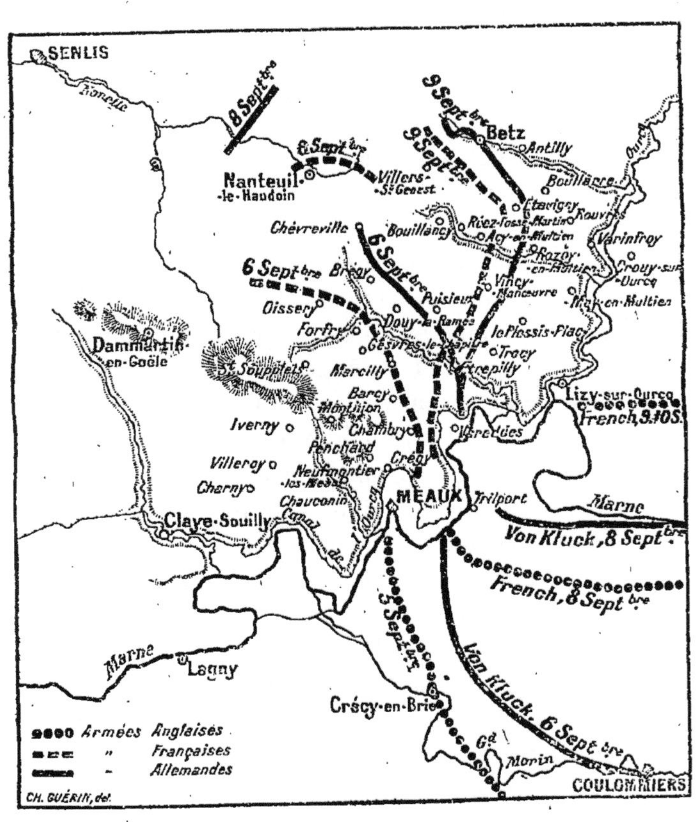

et quelle âpreté le général allemand, surpris par l'attaque qu'il n'avait pas pressentie, sut faire face au danger, rétablir une situation compromise, mettre son adversaire à son tour en péril. Nous ne connaîtrons qu'après la guerre les raisons secrètes de la défaillance dernière qui, dans la nuit du 9 au 10 septembre, obligea les corps allemands, presque victorieux la veille, à abandonner la lutte et à se dérober rapidement. Mais nous savons fort bien maintenant que Maunoury et ses soldats opposèrent la plus inébranlable fermeté aux retours offensifs de toute l'armée von Klück remontée en hâte vers le nord; que le 9, quand nos divisions faiblissaient et reculaient au nord de Nanteuil, menacées d'enveloppement à leur tour, le général en chef ayant prescrit de continuer l'offensive pour aider l'avance déjà marquée des 5e et 9e armées et de l'armée anglaise, le mouvement de recul fut aussitôt arrêté, et que jusqu'à la nuit nos troupes des 7e et 14e divisions, malgré leur épuisement, contre-attaquèrent sans relâche, résolues à tenir, comme on le leur avait demandé, jusqu'au dernier homme.

Faut-il rappeler aussi avec quelle attention perspicace le gouverneur militaire de Paris suivait l'action de la 6e armée et la renforçait chaque

jour avec tous les éléments dont il disposait?
Tous les Parisiens présents à Paris le 8 septembre n'oublieront jamais cette exode des taxi-autos transportant, à raison de cinq hommes par voiture, les troupes de la 7e division, débarquées le jour même, jusqu'à la zone de feu.

Le 10 septembre, en cette même et heureuse journée, l'armée anglaise, qui avait passé de vive force la Marne le 9, pénétrait dans la trouée ouverte entre von Klück et von Bülow, et son apparition, un peu tardive, sur la gauche de von Klück était sans doute une des causes qui déterminait ce dernier à la retraite.

Simultanément la 5e armée, Franchet d'Espérey, victorieuse sur les glorieux champs de bataille de Montmirail, de Vauxchamps et de Champaubert, atteignait et passait la Marne à Château-Thierry, refoulant l'armée von Bülow.

La 9e armée, Foch, n'entrait à Châlons-sur-Marne que le 12, mais le 10, elle avait mis la garde impériale en déroute dans les fameux marais de Saint-Gond. Des combats d'une violence extrême se livrèrent les 9 et 10, aux abords de ces marais, autour de Saint-Prix et du château de Mondement.

La 4e armée, de Langle de Cary, après une lutte très dure, au cours de laquelle il fallut la renforcer d'un corps d'armée de Lorraine, s'emparait de la ligne de l'Ornain le 12 et entrait à Vitry et à Sermaize.

La 3e armée, Sarrail, s'était trouvée dans des conditions particulièrement difficiles. Appuyant sa droite à Verdun, elle avait pivoté et fait face au nord-ouest, sa gauche à l'Ornain, vers Revigny. L'armée du kronprinz, qui lui était supérieure du double, dut ainsi, au sortir de l'Argonne, dévier de sa direction générale nord-sud et obliquer au sud-est et à l'est. Tandis que le duc de Wurtemberg tenait tête à l'armée de Langle, le kronprinz essaya de faire passer sa droite entre la 4e et la 3e armée par Revigny; il tournait ainsi la 3e armée, tandis que des corps d'armée, détachés des armées de Lorraine, attaquaient Verdun et Saint-Mihiel sur les derrières de la 3e armée. Celle-ci résista avec une énergie invincible à toutes les attaques. L'entrée en ligne d'un corps d'armée de renfort arrêta les tentatives d'offensive sur Bar-le-Duc. Les 12 et 13 septembre, le kronprinz, apprenant la retraite générale des armées allemandes, se repliait à son tour sur l'Argonne.

Voici un bien pâle résumé du rôle joué par chacune de nos armées dans cette bataille. Nous ne voudrions pas qu'on pût nous reprocher de leur avoir fait des parts de proportions inégales. Il n'est pas possible, dans de brèves chroniques, de détailler de tels hauts faits. Nous avons essayé simplement de mettre surtout en lumière la liaison des divers actes accomplis par ces armées. Ce n'est pas d'ailleurs un récit que nous faisons, c'est un hommage que nous rendons, en ces premiers anniversaires, à ceux qui forcèrent la victoire. Nous associons aujourd'hui les noms des chefs, qui sont sur toutes les bouches, à tous les noms inconnus des soldats qui ont exécuté leurs ordres.

Si l'on veut trop analyser de pareils événements, on risque d'en abaisser la grandeur. Nous n'en sommes pas encore à l'heure de la critique historique. Il y a eu un fait dont il est impossible, dont il serait vain de méconnaître l'éclat et la portée, c'est que des armées qui se croyaient victorieuses de par la supériorité de leur préparation et de leur organisation, qui avaient réalisé du premier coup la partie la plus audacieuse d'un plan formidable, ont été soudain renversées et défaites par l'adversaire qu'elles s'imaginaient déjà à leur merci. Et qui oserait dire que ce ne fut pas une victoire, unique dans la galerie des victoires, cette bataille de six jours où l'on ne sait ce qu'il faut le plus admirer, le sang-froid et la lucidité des chefs, la hardiesse et l'opportunité des résolutions et des décisions aux heures les plus critiques, la persévérance et la coordination dans l'effort, la constance de tous les courages, l'exaltation et l'espoir qui soutinrent tous les cœurs dans une lutte suprême d'où dépendait le salut du pays ! De tels chefs et de tels soldats n'étaient-ils pas dignes de ce retour, non de fortune, mais de Justice ?

On s'est parfois demandé pourquoi ils n'ont pas obtenu cette victoire dès le premier jour où ils ont été aux prises avec l'ennemi. S'ils avaient été vainqueurs à Charleroi et dans les Ardennes, l'invasion eût été arrêtée, et même la guerre se fût-elle prolongée, elle aurait épargné nos territoires.

On pourrait répondre, sans manquer d'arguments, que nos épreuves du début furent la résultante et la sanction de fautes et d'erreurs antérieures à la guerre. Mais ne vaut-il pas mieux admirer simplement comment tout a été réparé, comment les forces traditionnelles d'une armée et d'une nation qui paraissaient affaiblies — et n'était-ce pas sur cette défaillance apparente que l'ennemi avait fondé son guet-apens? — ont réagi tout d'un coup et ont donné la preuve éclatante que la France n'avait rien perdu de son énergie guerrière!

Les soldats qui se battirent sur la Marne, après avoir subi durement ce que nous appelons l'épreuve du feu, avaient pu être un moment ébranlés. Mais ils étaient partis dans un tel sentiment unanime qu'il fallait en finir avec cet ennemi dont la menace incessante pesait sur le pays depuis quarante-cinq ans, ils avaient pris les armes avec un tel enthousiasme que, dans le temps si court qui s'écoula entre les premiers revers et la bataille de la Marne, la flamme qui brûlait dans leurs cœurs n'avait pu s'éteindre. Au cours d'une retraite qui fut marquée par de superbes retours offensifs, jamais le découragement n'envahit nos âmes. On sentait confusément, mais avec certitude, qu'il arriverait un moment où « on les aurait »! Et c'est ainsi qu' « on les a eus » à la bataille de la Marne.

On ne saurait trop la commémorer. Et à défaut de solennité officielle, en attendant qu'on érige le grand monument de gloire de la France triomphante, tandis que la guerre se prolonge encore, pourquoi n'élèverait-on pas déjà, sur le champ de bataille voisin de Paris, une haute colonne de la Victoire avec l'inscription :

Aux vainqueurs de la Marne, la patrie reconnaissante!

CHAPITRE V

LES BATAILLES DE LORRAINE

(Août–Septembre 1914).

Pendant que se livrait, entre Paris et Verdun,
cette immortelle bataille de la Marne, dans ces
mêmes champs catalauniques où, il y a quinze
siècles, se brisèrent l'orgueil d'Attila et la fureur
de ses hordes, d'autres combats avaient lieu en
Lorraine et en Alsace, qui contribuèrent, eux
aussi, à la victoire. S'ils n'eurent pas la portée
que les projets primitifs de notre haut commandement leur avait attribuée, pour les raisons
que nous allons indiquer, ils font néanmoins
partie intégrante des hauts faits de nos armées,
et il serait injuste de méconnaître le rôle qu'ont
joué en août et en septembre les corps d'armée
des généraux Dubail et de Castelnau et de ne pas
rendre l'hommage qu'il mérite à l'héroïsme oes
défenseurs du Grand-Couronné de Nancy. Par
eux a été préservée de la souillure de l'invasion
la vieille capitale lorraine, par eux a été gagné

et conservé le pan d'Alsace qui est le gage de la reprise prochaine!

Se souvient-on de quel tressaillement d'allégresse, de quel souffle d'enthousiasme, de quelle exaltation morale fut soulevée la France tout entière en apprenant, le 8 août, l'entrée de nos troupes à Mulhouse? La mobilisation était à peine terminée, la concentration de nos armées, était en cours d'exécution, le plan allemand se laissait déjà entrevoir par l'attaque de Liége et par la violation de la Belgique. Et nôtre premier combat nous ouvrait la porte de l'Alsace, notre drapeau reparaissait, après quarante-cinq ans d'exil, sur la terre sacrée, jamais oubliée! N'y avait-il pas de quoi exciter toutes les espérances?

Les jours passèrent, et l'Alsace, à peine ouverte, se referma sur nos troupes frémissantes, contraintes à une retraite que les événements rendaient nécessaire. Mais si elles furent forcées d'abandonner Mulhouse, elles purent garder, comme témoignage de leurs premiers succès, les cantons vosgiens riverains de la frontière, et depuis cette époque, elles ont élargi, au prix de persévérants efforts, l'occupation des vallées qui conduisent à la plaine et au Rhin.

Nous étions, mes soldats et moi, au bord de la Meuse quand nous apprîmes le combat d'Altkirch et la prise de Mulhouse. Et l'ardeur de notre joie nous donna la certitude immédiate, profonde, qu'à notre tour nous allions, dans le grand flux de l'offensive, passer la frontière quelque part, de l'autre côté de la Moselle.

Deux jours plus tard, traversant les Côtes lorraines pour nous porter en couverture, je montrais à mes officiers, à l'aube d'une claire matinée d'été, la Woëvre, qui s'éveillait sous sa parure habituelle de brumes transparentes, gazes argentées laissant deviner les replis moelleux de la plaine féconde, les étangs étincelants au milieu des sombres frondaisons des forêts, les doubles allées de peupliers et d'ormeaux, ombrant les routes, les villages rougeâtres massés autour des clochers dont la pointe se couronne presque toujours d'un coq gaulois. Et leur indiquant au loin, à l'horizon indécis, quelques lignes plus distinctes, je leur disais : Saint-Privat ! Gravelotte ! Metz ! Les Vosges ! Et au delà, la Terre Promise !

La Terre Promise ! Qui de nous eût douté alors que nous marchions vers elle ? Qui de nous songeait à d'autres combats que ceux qui s'engageraient en terre lorraine, pour la délivrance de notre Lorraine, de nos Vosges, de notre Alsace ? Qui songeait à Charleroi ?

Depuis quarante ans, toutes nos pensées, tous nos travaux, tous nos espoirs étaient tournés vers la frontière de la défaite, vers la réparation, vers la restitution ! De la Meuse à la Moselle, de la Meurthe à la Sarre et aux Vosges, de la Sarre et des Vosges au Rhin, dans ce vaste et antique champ clos, enfermé entre les neutralités de la Belgique, du Luxembourg et de la Suisse, devait avoir lieu la grande rencontre, le choc prévu qui déciderait des destinées des deux adversaires irréconciliables, du spoliateur et du spolié !

Ce fut une erreur peut-être d'avoir trop concentré notre attention inquiète, notre vigilance militaire sur cette région de *l'Est*, comme nous l'appelions couramment, d'avoir cru que l'ennemi respecterait les droits d'autrui et nous aborderait sur ces mêmes terrains qui avaient fait l'enjeu de 1870 et qui restaient l'objet du litige. Erreur qui témoigne au moins de notre loyauté et de notre esprit de justice, et qui montre que nous ne recherchions dans une lutte nouvelle, si elle devait se produire, que la reprise de ce qui nous avait été injustement et violemment enlevé. Et jusque dans ces dernières années, où parurent se dévoiler des desseins plus étendus et plus troublants de la politique allemande, n'était-on pas fondé, par l'étude et la comparaison des forces et des dispositifs de part et d'autre de la frontière, à conclure que, sous réserve de certaines diversions discutables, les masses principales, rassemblées en face l'une de l'autre, se heurteraient en deçà ou au delà des poteaux frontières, suivant que les stratégies opposées auraient déchaîné leurs offensives et pris l'initiative des opérations dans des conditions inégales de temps, de lieu et de méthode?

On a reproché à notre état-major, depuis le fait accompli, de n'avoir pas prévu la manœuvre qui s'est opérée par la Belgique, de s'être laissé hypnotiser par le danger de l'Est, et d'avoir été ainsi surpris par l'attaque formidable venue du nord. Nous avons déjà dit, dans une chronique précédente, notre pensée à ce sujet. Il n'y a pas de doute à avoir que toutes les probabilités et les possibilités de la violation de la Belgique avaient été envisagées dans l'élaboration et l'exécution de nos plans de concentration et d'opérations. Les *variantes* nécessaires, c'est-à-dire les déviations des trains de transport en cours de concentration et les navettes éventuelles en arrière du front, d'une zone d'opérations à l'autre, avaient été préparées. Et on ne peut avoir de meilleures preuves qu'elles ont fonctionné avec une régularité aussi remarquable que la concentration normale, que dans la remarquable exécution du changement de front et aussi dans la nouvelle répartition des forces qui transformèrent notre dispositif en portant la masse principale de la droite vers la gauche et en la redressant face au nord, contre les armées allemandes débouchant en Belgique et dans les Ardennes.

Mais toute modification aussi radicale d'un plan préconçu implique un certain déséquilibre momentané dans l'exécution et dans l'orientation nouvelle des opérations, et si l'audace de l'ennemi ne laisse pas le temps au commandement d'assurer sa maîtrise et la liaison des armées ainsi retournées, l'avantage reste acquis à la stratégie qui s'est maintenue immuable dans le développement de sa conception, qui sait où elle veut et où elle doit frapper, et elle conserve des chances de gagner une victoire décisive, tant que l'adversaire n'a pas suffisamment discerné et compris le péril et ne s'y est pas dérobé par une contre-manœuvre habile et opportune.

On peut appliquer aujourd'hui ces réflexions à ce qui s'est passé il y a un an, sans craindre d'être démenti. Notre stratégie a conjuré le danger auquel elle s'était exposée, et par un de ces justes retours dont l'Histoire est remplie, c'est la stratégie, trop sûre d'elle-même et du triomphe, qui a fauté par excès d'orgueil et de rigidité, et qui a été frappée du même coup dont elle avait cru accabler un adversaire surpris.

Il n'est pas superflu d'expliquer ces vicissitudes qui ont paru si émouvantes et si tragiques. Si lointaines qu'elles soient déjà dans le tableau, de plus en plus chargé, de cette sombre et interminable guerre, elles reviennent bien vite au premier plan, quand on recherche les grandes lignes et les traits essentiels; elles sont comme des clartés qui illuminent l'obscur avenir.

Nous mîmes en ligne au début des opérations cinq armées, numérotées de 1 à 5, de la droite (Vosges) à la gauche (Meuse moyenne). Elles comprenaient nos 22 corps d'armée (y compris le 19e corps d'Algérie et le corps colonial) et un certain nombre de groupes de divisions de réserve, les uns affectés à chaque armée, les autres indépendants.

Notre concentration était préparée de longue date derrière le rideau des forteresses de la Meuse et de la Moselle. En avant, au plus près de la frontière, elle était protégée par les troupes de couverture qui avaient été notablement

renforcées en 1913, au cours de la discussion
de la loi de trois ans, devant la menace de
l'agression allemande. Le dispositif stratégique
faisait naturellement face au nord-est entre
Sedan et Belfort. Sans vouloir préciser les positions respectives des armées, qui se sont modifiées
d'ailleurs dès les premiers jours de la guerre,
nous pouvons dire aujourd'hui que notre plan
d'opérations comportait une offensive d'ensemble, probablement l'aile droite en avant, avec
les deux armées des Vosges et de Lorraine, les
autres armées s'échelonnant et avançant suivant
les circonstances au delà de la Meuse, au sud
de Metz. L'idée d'offensive était devenue très
nette et très formelle dans nos esprits. Cependant il fallait tenir compte des projets de
l'ennemi, de ses premières manifestations, et de
certaines particularités du théâtre d'opérations.

Plusieurs hypothèses avaient été prévues et
étudiées. En premier lieu, celle d'une attaque
brusquée sur Nancy et sur nos places fortes de
Verdun et de Toul. Il était constant que, depuis
la prise de possession de l'Alsace-Lorraine,
les Allemands avaient transformé leur conquête
en une place d'armes offensive où ils avaient
accumulé les garnisons et tout l'outillage indispensable à la concentration rapide de leurs

armées. En se montrant intransigeant sur la cession de Metz, de Moltke savait qu'il préparait ou laissait à ses successeurs le soin de préparer dans les meilleures conditions la prochaine guerre. Les revendications du germanisme pesaient moins dans ses prévisions que les avantages militaires de la base future d'opérations.

L'organisation défensive qui réédifia, en face de la frontière ouverte, une frontière militaire, fortement barrée, ne troubla pas d'abord les Allemands. Et si plus tard, ils en envisagèrent la destruction et le forcement par des moyens appropriés, ils ne parurent pas abandonner leur plan classique d'attaque en masses contre le front Meuse-Moselle. Qu'ils fussent tentés de faire précéder leur offensive par un premier bond, exécuté avec leur armée d'Alsace-Lorraine, prête dès la première heure, sur Nancy ou sur Verdun, et de briser ainsi notre couverture trop mince, on pouvait le supposer. Et les précautions furent sans doute prises, puisque cette attaque brusquée n'eut pas lieu, que la bataille de Nancy, qui était présumée comme devant inaugurer la guerre, ne fut livrée qu'en septembre, en même temps que la bataille de la Marne, et qu'au contraire ce furent nos armées qui franchirent la frontière et attaquèrent à Sarrebourg et à Morhange. Tant il est vrai qu'il ne faut laisser au hasard rien de ce que la raison peut concevoir et ordonner!

L'offensive allemande, en se portant au delà de la frontière, trouvait devant elle deux directions divergentes, séparées par la place de Toul. Elle avait à choisir entre la Haute-Lorraine, au nord de Toul, dont les routes aboutissaient à la Meuse (moitié contre la région fortifiée Verdun-Toul, moitié en aval de Verdun) et la Basse-Lorraine au sud, largement ouverte vers les passages de la Haute-Meuse et les grandes voies conduisant sur Paris et sur l'intérieur de la France. De toute façon, la prise rapide de Toul et de Verdun importait à la liaison des armées allemandes et au développement de la manœuvre doctrinale d'enveloppement que l'état-major chercherait fatalement par une aile ou par l'autre.

Toutes ces considérations s'adaptaient, on le voit, au seul théâtre d'opérations français, sans préjuger l'extension de cette offensive aux territoires voisins, interdits par les conventions internationales. Et jamais théâtre d'opérations ne fut mieux étudié, mieux pratiqué, mieux connu, d'abord par nous qui en sentions le prix et devions y chercher le secret de la victoire, et aussi, il faut bien le dire, par l'adversaire, qui sut en reconnaître et en pénétrer la valeur, qui sut, à toutes fins utiles, en préparer l'exploitation éventuelle par tout un travail d'avant-guerre que nous connaissons aujourd'hui, et qui sut nous duper en nous dissimulant le changement de plan qu'il allait opérer, trop incertain qu'il était devenu sur le résultat d'une offensive limitée à la Lorraine.

Tous nos généraux et tous nos officiers d'état-major, sans exception, avaient fréquenté les terrains de l'Est. Chaque année, les officiers de l'Ecole supérieure de guerre passaient plusieurs semaines à parcourir et à visiter les futurs champs de bataille. Le haut commandement y dirigeait de préférence les grands exercices de cadres et les études d'état-major. Chaque commandant d'armée y venait en mission spéciale reconnaître sa zone d'action.

Combien de fois, pour ma part, fidèle à la tradition laissée par les grands professeurs des débuts de l'Ecole de guerre, Niox, Langlois, Maillard, Bonnal, ai-je conduit des groupes d'officiers fervents sur ces hauteurs de Mousson, du mont d'Amance, du Pain-de-Sucre, de Léomont, d'Hablainville, d'où l'on s'imaginait fiévreusement entendre les grondements de la bataille, trop tardive à notre gré, d'où l'on contemplait à l'horizon le panorama, fuyant comme un mirage, mais que rapprochaient nos espoirs immanents, du doux pays en souffrance ! De ces mêmes sommets, gardés au prix de tant de sang, nos soldats regardent aujourd'hui la terre qu'ils vont enfin reprendre : demain, après-demain, peu importe ! Le terme est désormais marqué par la Justice !

Ces batailles, que nous avions entrevues, d'abord dans la Woëvre, sur les rives de la Moselle et de la Meurthe, sur les pentes des Vosges, et plus loin, nous en avions le ferme espoir, sur la Sarre et dans le Palatinat — jusqu'au Rhin, enfin ! — ces batailles ont eu lieu, mais réduites, disproportionnées avec le plan grandiose qui les avait préparées, et c'est ailleurs, dans des conditions presque inattendues, aux confins des Ardennes, entre Sambre et Meuse, sur les anciens chemins historiques de Belgique qu'on pouvait croire désormais fermés aux invasions, que s'est rouvert le grand duel entre France et Germanie, qui met en face aujourd'hui tous les tenants de deux conceptions opposées, l'une de force et de domination brutales, l'autre de justice et de liberté nationales.

Nos armées, que nous avons indiqué tout à l'heure concentrées sur Meuse et Moselle, mais suffisamment articulées pour varier leur front sous des angles étendus, après avoir opposé un premier arrêt au torrent qui se déversait à travers la Belgique, exécutèrent ce recul stratégique dont nous avons exposé la remarquable ordonnance, et frappèrent sur la Marne le coup qu'elles auraient pu porter en Lorraine.

En chroniqueur qui cherche simplement, en dehors de toute tendance et de toute critique inopportunes, qu'on ne pourrait d'ailleurs appuyer, à l'heure qu'il est, de la documentation précise nécessaire à l'Histoire, nous ne voulons, à la suite de ces considérations générales, que retracer ce qui fut fait et non point ce qui aurait pu être fait, en mieux ou en pire.

Les deux armées de Lorraine conjuguées, qui formaient l'aile droite de notre dispositif, commencèrent de bonne heure leurs opérations offensives. Celles-ci furent facilitées par l'attitude défensive des troupes allemandes d'Alsace-Lorraine. L'attaque brusquée se produisait contre Liège au lieu de Nancy.

Le 7 août, en pleine concentration, nos troupes du 7e corps pénétraient en Alsace et entraient à Mulhouse. La relation officielle, publiée le

5 décembre, dit que cette opération, qui constitue bien une attaque brusquée, fut ordonnée, ainsi que celles qui vont suivre en Lorraine, pour maintenir en Alsace-Lorraine le plus grand nombre possible de corps d'armée ennemis et permettre le changement de front qu'allaient opérer les autres armées vers la Belgique.

Mulhouse fut reprise par les Allemands le 10, puis réoccupée le 19 août. Nos avant-gardes poussent vers Colmar. Mais il faut reculer, les troupes d'Alsace sont nécessaires ailleurs! Mulhouse est de nouveau abandonnée aux représailles allemandes. Nous ne conservons que Thann!

Le 17 août, l'armée de Lorraine refoule les troupes de couverture allemandes. On entre à Château-Salins, à Sarrebourg, on atteint Delme, Morhange. Mais déjà notre aile droite est affaiblie par les prélèvements imposés pour le renforcement de notre gauche. Deux armées allemandes se présentent sur le front en équerre de Lorraine et d'Alsace. Nos corps d'armée se heurtent à des organisations défensives très puissantes. Leur énergie s'use à essayer de les forcer, la contre-attaque allemande les surprend les 20 et 21 août.

Le 23 août, en même temps que commençait la retraite de Charleroi et des Ardennes, nos armées de Lorraine se repliaient également, repassaient la frontière. La bataille allait s'engager autour de Nancy. Elle aura deux actes, dot le dernier coïncidera avec la bataille de la Marne.

CHAPITRE VI

NANCY ET LE GRAND-COURONNÉ

(20 août-12 septembre).

La vieille capitale de la Lorraine déploie la
belle ordonnance de ses rues, de ses monu-
ments et de son activité dans la vasque magnifique que forme la Meurthe entre les collines
boisées, aux pentes roides, escaladées par les
faubourgs populaires et les villas bourgeoises.
Nancy n'a guère de vues que sur les échappées
de la grande vallée, mais en revanche, dès
qu'on a atteint les hauteurs d'alentour, les pano-
ramas les plus variés se déroulent au loin, vers
Metz, vers Lunéville, vers les Vosges, vers
l'horizon lorrain.

Toutes ces hauteurs, de niveau assez égal,
qui entourent la ville et se prolongent au nord
et au sud sur les deux rives de la Meurthe et de
la Moselle, font partie de ces fameuses crêtes
du bassin parisien, dont les falaises, très
reconnaissables même au simple et rapide par-

cours en chemin de fer, enveloppent d'anneaux semi-circulaires et parallèles le grand centre régional, l'Ile-de-France et Paris. Qui n'a remarqué les grandes Côtes lorraines, qu'on aperçoit de loin en venant de l'est comme une sombre muraille barrant les routes de la Meuse, et sur lesquelles les forts de Verdun et de Toul bravent encore aujourd'hui les « 420 » allemands ?

Autour de Nancy, deux de ces lignes faîtières se croisent et se confondent. Elles forment ce que les tacticiens de l'est ont appelé d'un nom devenu légendaire, le *Grand-Couronné* !

Le mot demande quelque explication, et le récit des batailles qui s'y sont livrées du 20 août au 12 septembre doit être précédé d'une description sommaire du terrain.

Le Grand-Couronné est à la fois une métaphore géographique et un système défensif. En effet, les collines et les plateaux de la région de Nancy dessinent bien comme une couronne autour de la ville, couronne par la disposition des principaux sites, comme par les beaux fleurons qu'ils ajoutent à la cité royale et ducale. Et l'art militaire, en les utilisant pour la défense de la frontière si voisine, n'a pu trouver une appellation plus juste que ce vieux terme de la fortification, le Couronné !

A l'examiner sur la carte, la couronne paraît assez déchiquetée et peu distincte. Cependant, si l'on suit d'un observatoire aérien, ou simplement du grand mont d'Amance, la périphérie des hauteurs, on reconnaît assez vite une ligne extrême, à peu près circulaire, què jalonnent les côtes isolées : Sainte-Geneviève, mont Toulon, mont Saint-Jean, promontoire de la Rochette, mont d'Amance, Pain-de-Sucre, hauteur de Pulnoy. De tous ces sommets, on domine la plaine ondulée de la Seille, la sombre forêt de Champenoux, et le regard se porte au loin, apercevant, selon la transparence de l'air, les fumées et les tours de Metz, la côte de Delme, en pays annexé, les coteaux de la forêt de Bezange, les croupes fuyantes qui se perdent à l'horizon dans la forêt de Parroy et dans les Vosges aux couleurs changeantes.

Quatre riantes et étroites vallées, descendant vers la Meurthe et la Moselle, coupent le Couronné en autant de secteurs de valeur inégale. La Natagne sépare les côtes Sainte-Geneviève, Toulon et Saint-Jean du plateau du bois du Chapitre. La Mauchère coule aux bords escarpés du plateau du bois de Faux. L'Amézule passe entre le mont d'Amance et le plateau de Malzéville qui domine directement Nancy. La Pis-

sotte forme le fossé de la pointe sud du Couronné, qui déjà s'abaisse vers la Meurthe et le
Sanon. Les routes et les voies ferrées emprun-
tent naturellement ces vallées.

De l'autre côté de la Meurthe, entre le confluent de cette rivière avec la Moselle, le large
plateau de la forêt de Haye, que prolongent au
nord les hauteurs de l'Avant-Garde et du bois
Le Prêtre, semble veiller sur Nancy et le Grand-
Couronné avec les deux forts qui l'encadrent,
Frouard et Pont-Saint-Vincent, avancées de la
grande place de Toul.

Le Grand-Couronné constitue donc la position
principale d'un grand champ de bataille, entre
la Seille, la Moselle, la Meurthe et le Sanon.
Que l'attaque vienne du nord, de l'est ou du
sud-est, elle se heurte, après avoir passé la
Seille, à ces lignes de bois et de hauteurs qui
offrent aux trois armes, en particulier à l'infanterie et à l'artillerie, les conditions les plus
favorables.

Le champ de bataille où devait avoir lieu fatalement la première rencontre, aux premiers
jours de la guerre, était connu dans les moindres détails, non seulement par les troupes du
20° corps qui y séjournaient et manœuvraient
en permanence, mais par tous les corps de

l'est et par tous nos officiers brevetés d'état-major.

Il avait reçu une organisation défensive de campagne, c'est-à-dire qu'on y avait préparé des emplacements de batteries, des chemins d'accès sur les hauteurs et à travers bois; et qu'on avait prévu des travaux de tranchées et de barrages du moment.

Mais il n'y avait autour de Nancy aucune fortification permanente. Pendant trente ans on a discuté la question de Nancy camp retranché et place forte. Ce n'est pas l'heure de revenir sur ces controverses. Nous rappellerons seulement qu'en dehors du débat technique sur l'opportunité et la possibilité de fortifier Nancy, il y eut certainement intimidation de l'adversaire campé en face sur la place d'armes d'où il préparait son futur guet-apens. La fortification de Nancy eût été dénoncée comme un acte hostile et menaçant : nous dévorâmes l'humiliation! Nous en avons dévoré bien d'autres! Mais le compte est bon aujourd'hui, et le Grand-Couronné, même sans fortifications, a vu se briser sur son écueil l'écume allemande!

Le 19 août, l'armée de Castelnau, dépassant la frontière, était entrée à Château-Salins et atteignait Morhange et Delme. L'armée Dubail opérait à sa droite, de Sarrebourg aux Vosges, tandis que le général Pau reprenait Mulhouse.

Le 20 août, la défaite de Morhange forçait la 2e armée à reculer sur les premières positions de couverture. La 1re armée se repliait à son tour. Deux armées allemandes, kronprinz de Bavière, et von Heeringen, dévoilaient leur supériorité par une ardente contre-attaque.

Dans son offensive vers le nord, le général de Castelnau avait confié l'appui de sa gauche et la défense du Grand-Couronné au 2e groupe de divisions de réserve, commandé par le général Léon Durand. L'une des trois divisions ayant été adjointe au 20e corps, les deux autres occupèrent le Grand-Couronné sur sa face nord, de la Moselle à la Seille. Elles furent attaquées le 20 août par des corps allemands sortis de Metz. Nomeny fut pris et incendié. Nos troupes de réserve tinrent bon. La 2e armée put opérer sa retraite en pivotant sur le Grand-Couronné.

Si les Allemands avaient porté leur principal effort à ce moment sur la région de Nancy, peut-être eussent-ils réussi à forcer le Grand-Couronné. Mais entraînés à la poursuite des 1re et 2e armées, préoccupés de se frayer le passage au delà de la Meurthe et de la Moselle par la classique trouée de Charmes, les chefs allemands parurent dédaigner Nancy, comme plus tard von Klück s'écarta de Paris pour aller achever la destruction de l'armée anglaise et concourir à la bataille décisive.

Le général de Castelnau avait pu ramener ses corps éprouvés sur la rive gauche de la Meurthe et les avait établis sur les très fortes positions de Saffais-Belchamps, entre Meurthe et Moselle, Le 20ᵉ corps, à cheval sur le confluent du Sanon et de la Meurthe, était accolé au groupe de divisions de réserve. Une partie du 9ᵉ corps, dont quelques unités s'étaient déjà embarquées pour aller renforcer les armées du nord, restait dans les lignes du Grand-Couronné.

La 1ʳᵉ armée était disposée face au nord, presque en équerre avec la 2ᵉ armée, la gauche appuyée à la forêt de Charmes, le centre sur la Mortagne, au sud de Gerbéviller, la droite traversant la Meurthe à Baccarat et se prolongeant vers Badonviller.

L'effort allemand se porte d'abord contre la 2ᵉ armée, serrée de près par les vainqueurs de Morhange. Mais la disposition de nos armées de Lorraine va prendre l'ennemi dans une sorte de tenaille. Tandis que la 1ʳᵉ armée reprend l'offensive, les divisions du Grand-Couronné contre-attaquent sur leur flanc les colonnes alle-

mandes. Trois batailles simultanées s'engagent :
au Grand-Couronné, à Saffais-Belchamps et sur
la Mortagne. Elles durent trois jours : 24, 25 et
26 août. Elles ont pour résultat d'arrêter l'offensive allemande. L'accalmie se prolongera jusqu'au 4 septembre.

Pendant cette période, un certain nombre des
corps de Lorraine sont transportés à l'ouest et
prendront part à la bataille de la Marne.

Le rôle des 1re et 2e armées est dès lors devenu
défensif. Leur mission est de retenir devant
elles les armées allemandes qui leur sont opposées et de les empêcher de se porter au delà de
la Moselle, soit sur Verdun et Toul, soit sur la
Haute-Meuse, pendant que se livre la grande
bataille entre Verdun et Paris.

On peut s'étonner aujourd'hui que l'état-major allemand, qui portait ses masses principales
par son aile droite et son centre sur Paris et la
Marne, se soit privé du concours d'une partie
de ses armées de Lorraine. Il aurait sans doute
pu fixer, comme nous le fîmes, nos 1re et 2e
armées réduites, et devancer l'opération qu'il
tenta plus tard — trop tard — contre la droite
de l'armée Sarrail, au sud de Verdun. Mais nous
savons aujourd'hui quelles étaient son infatuation, sa confiance présomptueuse, et aussi, il

faut le dire, l'incapacité de la direction suprême.

Qu'allons-nous voir en effet? Le kaiser, à qui nous ferons l'honneur de croire qu'il dirigeait ses armées d'Occident, du moins avec l'aide de son chef d'état-major, de Moltke, — qu'on pourra surnommer le Petit, — au lieu d'être à l'endroit où se joue la partie décisive, vient assister à l'attaque de Nancy et se prépare à y faire une entrée pompeuse, qui précédera de quelques jours sa chevauchée triomphale sur l'avenue de la Grande-Armée!

L'Histoire a des rapprochements d'une ironie singulière. Le kaiser avait sans doute oublié qu'un de ses ancêtres en orgueil et en démence, ce Charles, duc de Bourgogne, qui rêva aussi d'être empereur d'Europe, vint périr misérablement devant Nancy et fut retrouvé, nu, dépouillé de ses oripeaux, au bord d'un étang glacé. Le surnom de Téméraire peut être largement appliqué au Hohenzollern, qui n'est entré, en fin de compte, ni à Nancy ni à Paris.

La deuxième bataille du Grand-Couronné s'engage le 4 septembre. Déjà, le 2 septembre, les Allemands avaient tenté une surprise sur les avant-postes d'Erbéviller et de Reméréville, à la lisière est de la forêt de Champenoux. A partir du 4 commence cette bataille des huit jours, qui coïncide avec la bataille de la Marne.

L'attaque commence d'abord par le nord, sur la côte Sainte-Geneviève qui constitue un point faible entre la Moselle et la Seille, à proximité de Metz. Elle est battue, à bonne portée, de la côte de Mousson, et sa possession permet aux troupes qui ont passé la Moselle de progresser sur la rive gauche.

Les Allemands étaient pressés; ils voulurent l'emporter de vive force. Le 6 au soir, dans la nuit du 6 au 7, et toute la journée du 7, des assauts furieux se brisent devant la résistance d'un bataillon du 314e, sous les ordres du commandant de Montlebert. Les feux de notre infanterie fauchent les assaillants, qui viennent expirer jusque dans nos réseaux de fils de fer. Le commandement, inquiet de l'avance des Allemands sur la rive gauche de la Moselle, donne l'ordre à Montlebert de se replier. Il refuse, il continue la lutte, et il ne consent à se retirer que sur un ordre écrit. Or, au moment où les survivants de l'héroïque bataillon s'arrachent avec douleur à cette crête que l'ennemi n'a pu atteindre, celui-ci, abandonnant des centaines de morts qui jonchent les pentes, renonce à la lutte, et nos soldats n'ont qu'à se retourner pour constater leur victoire.

Il y eut là une de ces défaillances de l'âme
allemande dont nous allons voir un nouvel
exemple dans l'autre partie de la bataille, du
côté de la forêt de Champenoux. Et de ces défaillances survenant après les plus rudes, les
plus âpres, les plus constants efforts, l'histoire
de cette guerre est déjà remplie. La bravoure et
la ténacité ne manquent point cependant à nos
adversaires, mais leur infanterie a montré que
sa force de résistance morale était de beaucoup
inférieure à la nôtre. Est-ce le fait d'une discipline trop brutale, de ce *drill* prussien qui les a
dressés à une sorte de mécanisme passif, d'au-
tomatisme, qui se désagrège et se disloque dès
qu'une rupture se produit dans l'effort voulu et
ordonné? Est-ce le fait de la surprise de trouver
un adversaire plus fort, plus opiniâtré, plus
meurtrier qu'on ne l'avait montré, et de sentir
tout à coup que la victoire promise est à un prix
trop élevé, et qu'entre le dernier effort à faire
pour l'atteindre et la force restante au cœur et à
la tête, le soldat allemand ne trouve ni dans ses
nerfs ni dans sa vertu militaire le sursaut suprême qui redresse un Français, ce sursaut qui
fait tenir le quart d'heure de plus qu'il faut et
qui rétablit une situation désespérée? Ce sera un
des étonnements de l'historien futur de cette

guerre de constater et d'expliquer ces revirements extraordinaires qui se sont produits, ces renversements soudains d'une armée victorieuse, sûre d'elle-même, ces chutes brusques de l'attaque la plus poussée à fond, cette inanité, qui en résulte, des méthodes et des organisations de guerre les plus puissantes qui aient existé. Je crois bien que déjà la psychologie allemande nous a livré le secret de sa faiblesse. Mais revenons au Grand-Couronné.

Quand on vient de l'est, par la route de Château-Salins, après avoir traversé la forêt de Champenoux que la vallée de l'Amezule coupe en deux parties à peu près égales, on se heurte au magnifique mamelon d'Amance, dont les deux extrémités portent les noms un peu prétentieux de Grand et Petit-Mont. A tort ou à raison, le mont d'Amance qui domine toute la région, passe pour la clef du Grand-Couronné.

Les pentes en sont fort roides, le village d'Amance est à mi-côte, dans le col entre les deux monts. C'est donc sur le mont d'Amance que les Allemands dirigent leur attaque. Et prenant plus de précautions qu'à Sainte-Geneviève, ils le couvriront d'un ouragan de projectiles, qui durera pendant presque toute la bataille. Leur artillerie lourde, postée sur les hauteurs de la

Seille, arrosera sans se lasser toute la périphérie du Grand-Couronné, mais si les obus passent au-dessus de la forêt de Champenoux, il faut que l'infanterie y pénètre et en sorte, pour donner l'assaut au mont d'Amance et à ses satellites moins élevés.

Et c'est la forêt de Champenoux qui deviendra l'enjeu de la bataille des huit jours. Les Allemands s'en empareront, les Français la reprendront. Les villages et les fermes attenantes incendiés, passeront de mains sanglantes en mains sanglantes, mais les bataillons allemands, malgré la volonté impériale qui les précipite les uns sur les autres, ne pourront aborder les pentes du mont.

C'est dans la journée du 7 septembre que l'attaque allemande prononça son action la plus violente et la plus acharnée. Une masse de 10 bataillons, soutenue par 14 batteries dont 8 lourdes, s'engouffre dans la partie nord de la forêt, et après quatre heures de corps-à-corps avec les 206e et 212e régiments de réserve arrive à la lisière ouest, devant le terrible mont, perdu dans la fumée des obus, entouré de flammes. Mais nos 75, qui se sont tenus à l'abri, sont prêts à parler, et tout ce qui sort des bois est fauché. Notre infanterie contre-attaque sans répit. Les batteries lourdes d'Amance, qui ont résisté au bombardement effroyable, rentrent en scène, les batteries de Pulnoy prennent d'écharpe les lisières de la forêt. La nuit tombe sur les Allemands décimés et épuisés.

Le lendemain, 8 septembre, et le 9, nous continuons à maîtriser les débouchés de la forêt. Au bois de Velaine, au sud de la route de Château-Salins, un bataillon du 286e est tout à coup cerné. Il se forme en carré, et, après une lutte inouïe de trois heures, il se fait jour à la baïonnette.

Le 9 au soir, Nancy reçoit 50 projectiles. Un régiment de marche de Toul arrive à propos dans la nuit.

Le 10, nous passons à l'attaque. Les 1re et 2e armées unissent leurs efforts. Les Allemands se sont retranchés. Par le nord et par le sud, comme au centre par le couloir de l'Amezule et la route de Château-Salins, nos divisions de réserve et le 20e corps rivalisent d'énergie et de persévérance. C'est surtout au sud de la forêt de Champenoux que nous gagnons du terrain.

Le 11, l'attaque continue, mais nos troupes sont épuisées, et le commandement est anxieux ; il redoute une nouvelle tentative de l'ennemi.

Or le 12, les Allemands disparaissent, sous la protection de leur artillerie. Sur le front du Grand-Couronné comme sur tout le front de la Meurthe, comme sur la Marne, ils s'avouent vaincus !

Qu'ajouterons-nous de plus ? Nous avons bien faiblement rendu la physionomie de ces batailles de Lorraine. Nos lecteurs jugeront qu'elles ont leur place à côté de la bataille de la Marne et qu'elles furent aussi une victoire, complémentaire de l'autre. Il serait banal de faire l'éloge des chefs et des soldats.

Ce qu'il faut reconnaître, c'est que les armées de Lorraine, déchues du rôle magnifique qu'elles devaient d'abord jouer dans notre conception stratégique, vouées à subir le choc d'un adversaire supérieur, ont rendu un inappréciable service à la France dans les conjonctures tragiques du début de la guerre. Elles ont sauvé Nancy !

Nancy aux mains des Allemands, c'eût été surtout une défaite morale, une douleur poignante ajoutée à tant d'autres. On avait sans doute prévu la prise de cette grande ville, laissée ouverte. On avait tâché d'y préparer l'opinion. Ce n'eût pas été un désastre, une perte irréparable. Mais quelles doivent être notre fierté et notre reconnaissance pour les défenseurs du Grand-Couronné d'avoir préservé Nancy de la souillure impériale !

Depuis lors, les Allemands n'ont pu faire un pas vers la ville. C'est à peine s'ils se maintiennent dans quelques villages au delà de la frontière. Et le jour où nos troupes auront libre carrière, elles reparaîtront cette fois en Lorraine annexée en libératrices définitives. Et du mont d'Amance les canons annonceront à Nancy que le drapeau français flotte sur Metz et Strasbourg !

CHAPITRE VII

DE LA MARNE A L'YSER

La presse française a commémoré sobrement
et simplement, avec son tact accoutumé, l'anni-
versaire de cette terrible bataille des Flandres,
qui acheva la ruine du grand plan d'offensive
allemand. Il n'est pas besoin de dire qu'en Allemagne nul n'en a soufflé mot. Pour les journaux d'outre-Rhin comme pour la politique qui
les inspire, le passé n'existe pas, surtout quand
il ne réveille que de fâcheux souvenirs. L'esprit
du peuple allemand est soigneusement tenu à
l'écart de tout ce qui pourrait le déprimer et lui
dévoiler la vérité. Et sous le pavoisement continu qui salue les victoires présentes des armées
allemandes et la conquête des pays ennemis,
les efforts et les sacrifices de plus en plus exces-
sifs et douloureux se transforment en illusions
du triomphe et de la paix prochaine.

Pour les Alliés au contraire, le rappel des

événements antérieurs, dont la portée et les conséquences persistent à l'heure actuelle malgré les fautes et des revers pénibles, est un stimulant précieux et nécessaire. Et il importe plus que jamais aujourd'hui de rattacher le présent au passé, afin d'en tirer à la fois les leçons et les certitudes de l'avenir.

La bataille commencée le 5 septembre sur les rives de l'Ourcq et de la Marne, ne s'est pas terminée le 12 septembre par une victoire décisive. Elle a ébranlé et forcé au recul un adversaire formidable qui se croyait sûr de vaincre, mais elle s'est prolongée sans interruption pendant deux mois, d'abord sur les bords de l'Aisne où la poursuite des vainqueurs de la Marne a dû s'arrêter devant une barrière imprévue, puis par des manœuvres successives et réciproques, de l'Aisne à la Somme, de la Somme à l'Yser, de plus en plus violente à mesure qu'elle remontait vers le nord, aboutissant enfin à la bataille des Flandres.

Le 12 novembre, la ligne de démarcation était fixée entre l'invasion et la reprise de l'offensive alliée. Depuis cette époque la lutte a pris le caractère obstiné d'une guerre de siège, et nous entendons bien par là le siège par les armées française, anglaise et belge, de l'armée alle-

mande retranchée et désormais incapable de
l'offensive primitive. Si, par suite d'une dispro-
portion reconnue des moyens matériels, toute la
force morale qui se révéla dans les armées alliées
au cours de ces inoubliables journées de septembre 1914, ne put pousser à fond la victoire
de la Marne, et refouler l'envahisseur hors des
frontières, le résultat incontestable fut d'abord
la limitation inviolable du terrain reconquis.
Aucun soldat allemand n'a depuis dépassé la
ligne de circonvallation, et l'attaque en règle
des tranchées ennemies s'est poursuivie sans
arrêt, sur tout le front, trop lente à notre gré,
mais gagnant peu à peu, usant à la longue le
défenseur. Et quoique aujourd'hui, à un an de
distance, nous puissions déplorer de voir la
Belgique et nos provinces du nord et de l'est
encore fouillées par la sape germaine, nous
avons le sentiment et la conviction de l'ascendant que notre rôle d'assaillant tenace, méthodique, résolu, exerce sur nos adversaires, et la
certitude que toute cette organisation terrifiante
craquera et que tombera tout ce mur d'acier et
de feu le jour où nous aurons assez d'obus et de
torpilles pour préparer l'assaut suprême de
notre infanterie.

Au cours de l'hiver dernier, et de cet été qui

nous donna tant d'espoir, nous avons éprouvé la force de résistance qui persiste chez les Allemands. Ils nous ont attaqués sur certains points avec violence ; leurs contre-attaques ont répondu énergiquement à nos avances ; ils ont appelé à leur aide les génies infernaux avec les vents brûlants et asphyxiants sortis des laboratoires de leurs chimistes et les jets de flammes qui changent les tranchées en fournaises. Et cependant, depuis la bataille des Flandres, on ne peut douter que quelque chose n'ait été brisé dans cet organisme de guerre, si soigneusement adapté cependant à l'œuvre de conquête et de domination germaniques. Et c'est bien pendant ces neuf semaines de lutte épique, entre le 5 septembre et le 12 novembre, que la cassure irrémédiable s'est produite.

Sans doute, depuis lors, nous avons vu de nouvelles armées allemandes fondre sur les Russes et renouveler de la manière la plus surprenante l'audacieuse aventure de Napoléon, la marche sur Moscou ! Mais nous savons aujourd'hui ce qui a favorisé leur attaque : la crise de désorganisation et de trahison par laquelle la Russie s'est trouvée tout d'un coup surprise et momentanément affaiblie, et nous savons aussi ce qui leur en a coûté.

La nouvelle opération, toujours « kolossale »,
dans les Balkans, qui provoque à l'heure actuelle
tant d'émoi et d'inquiétudes, et à laquelle il nous
paraît toujours facile de répondre, ne doit pas
nous faire oublier que c'est à la suite du grand
avortement du plan sur le front occidental que
l'état-major de Berlin a dû se résoudre à chercher sur d'autres théâtres d'opérations des com-
pensations et des gages nouveaux de victoire
en vue de la liquidation de plus en plus incertaine d'une entreprise déjà frappée d'un passif
irréparable.

Et c'est ainsi qu'il faut toujours revenir aux
opérations qui se sont déroulées et se poursui-
vent entre la Manche et le Rhin pour bien se
pénétrer de l'issue fatale de la guerre et maintenir, envers et contre toutes les surprises, toutes
les déceptions, et toutes les tentations perfides,
la foi absolue en la victoire des Alliés.

Dès que les chefs allemands comprirent que
leurs troupes surprises ne pouvaient plus résis-
ter à l'ardente volonté de vaincre ou de mourir
qui emportait, comme dans un rêve sublime,
nos héros de la Marne, ils n'hésitèrent pas à
ordonner une retraite précipitée sur les positions
qu'ils savaient *préparées* entre l'Oise et l'Argonne, en particulier sur l'Aisne. Nous ne pou-

vons plus ignorer aujourd'hui la connaissance détaillée que les Allemands possédaient de la valeur militaire, autant qu'économique, de nos régions frontières. Il serait pénible et inutile d'insister sur toute la préparation d'avant-guerre qu'ils avaient faite à loisir dans notre pays... et partout.

Si le haut commandement fut un moment désemparé par ce coup imprévu de la fortune, qui frappait au point le plus sensible son orgueilleuse présomption, il avait trop de maîtrise guerrière et disposait encore de trop de réserves pour se résigner à une défaite aussi prompte et ne pas tenter de reprendre l'avantage sur un adversaire qui avait ployé si facilement au premier choc et que son succès même devait avoir épuisé. Et dès le 18 septembre, à l'abri de la défensive puissante organisée sur l'Aisne, il prépare déjà la nouvelle manœuvre qui doit réparer l'accident survenu et rouvrir la route de Paris.

La manœuvre ne peut être qu'une manœuvre d'enveloppement par l'aile, telle que la conçoit nfailliblement la doctrine de l'état-major, et elle sera forcément la continuation, ou la reprise, si l'on veut, de la conversion magistrale par l'aile droite, exécutée par von Klück, depuis Liège jusqu'à la Marne. Il ne peut en être autrement, car l'aile *non appuyée* de l'ennemi est à sa gauche, et toute la masse des renforts court sur les chemins de fer de Belgique et des Ardennes.

Et tout d'abord la manœuvre vise au plus court, parce que l'état-major ne désespère pas d'atteindre le grand objectif : Paris, après l'écrasement définitif de l'armée alliée. Les historiens constateront avec étonnement la faute capitale commise par la stratégie allemande, faute qu'elle ne pourra réparer. L'aile droite allemande, après Mons et Charleroi, a trouvé le terrain libre dans les Flandres et dans l'Artois. La cavalerie a pu exécuter à la fin d'août un raid dans la région de Lille, qui n'était défendue que par quelques territoriaux. Il suffisait d'un détachement d'armée pour s'emparer des Flandres, de Dunkerque, de Calais, de Boulogne ! Les stratégistes objecteront que l'essentiel était de détruire au plus vite les armées alliées déjà ébranlées, et qu'il ne fallait distraire aucune force de la masse de manœuvre. La poursuite de l'armée belge, en retraite sur Anvers, le siège de Maubeuge, absorbaient déjà des corps d'armée, et il a été confirmé, depuis, que l'invasion inopinée des Russes en Prusse orientale avait obligé l'état-major à prélever deux corps d'ar-

mée pour renforcer le front oriental. Peu
importe, l'occasion perdue ne se retrouve pas,
dit la Sagesse des nations comme celle des armées, et après la défaite de la Marne, l'état-
major, ne songeant encore qu'à ressaisir la victoire qui lui échappait, regarde au sud et non
au nord .Quand le kaiser comprendra quel profit
il eût tiré de la possession des Flandres et des
ports de la Manche dans la lutte à mort engagée
contre l'Angleterre, il sera trop tard. Les vainqueurs de la Marne seront en travers de son
impériale volonté.

La manœuvre allemande se démasque les
25 et 26 septembre par de violentes attaques
sur Roye et Lassigny, entre la Somme et l'Oise.
Elle se heurte aussitôt à une manœuvre contraire.
En effet, l'état-major français n'a eu aucune peine
à discerner que les armées allemandes battues
se sont établies très solidement sur l'Aisne et en
Champagne, qu'elles opposent un front défensif
dont l'abordage direct offre les plus grandes difficultés et serait par trop meurtrier. Il paraît
possible d'exploiter l'ascendant incontestable
que la victoire de la Marne a donné aux forces
alliées et de tenter à notre tour la manœuvre
d'enveloppement qui a failli nous être fatale.
D'ailleurs, en remontant ainsi vers le nord, notre

aile gauche reconquerra les provinces qu'il a fallu abandonner un moment au torrent de l'invasion et viendra joindre l'armée belge qui défend Anvers.

Le premier choc des deux mouvements analogues a donc lieu presque immédiatement sur un front à peu près perpendiculaire à l'Aisne. La manœuvre est éventée de part et d'autre, mais les deux adversaires ne peuvent plus l'arrêter; ils sont obligés de la développer, tant pour s'annuler réciproquement que pour chercher le point faible, l'espace libre et le coup décisif. Alors commence ce qu'on a appelé d'un mot pittoresque qui fait image, la *course à la mer*, terme impropre en réalité, parce qu'il laisse croire qu'on a cherché seulement à atteindre l'obstacle infranchissable qui garantit l'aile et le flanc contre la menace et le danger de l'enveloppement. Les deux stratégies ont fini, il est vrai, par être acculées à la mer, qui était voisine, mais non pas sans avoir fait au contraire les plus grands efforts pour interposer leur aile offensive entre la mer et l'aile ennemie et gagner au large en terre ferme, les Alliés vers la Belgique, les Allemands vers Paris, dans l'idée très logique d'en finir par une belle bataille avec l'armée qui aurait fléchi à nouveau.

Les Allemands après avoir échoué devant Roye et Lassigny, se reportent plus haut, sur Arras. Arras est une des portes du nord ; on y passe de la plaine industrielle des Flandres dans les régions accidentées et agricoles de la Somme et de l'Ile-de-France. La vieille citadelle a joué un rôle important dans les guerres du rassemblement du sol national et de la constitution des frontières régulières. L'armée de Maud'huy y arrive à temps, et ferme le verrou du 6 au 26 octobre. La garde allemande s'y brise du 20 au 26 octobre.

Entre temps, Anvers a capitulé ; nouvel exemple de l'impuissance de la fortification moderne contre les 305 et les 420 ! L'armée belge a pu s'échapper et est venue border la ligne de l'Yser. Tous les renseignements s'accordent à partir du 15 octobre pour indiquer qu'une puissante attaque allemande se prépare en Belgique. Devant l'insuccès de la manœuvre entre Arras et l'Oise, l'état-major allemand concentre son offensive sur les Flandres. Le kaiser a donné l'objectif : Calais et la maîtrise de la Manche !

Le 16 octobre s'engage la bataille de l'Yser. La petite armée belge s'y couvrit d'une gloire immortelle. Nous renvoyons nos lecteurs au superbe récit de la bataille écrit par Pierre Nothomb, à l'honneur de ses compatriotes, dans la *Revue des Deux Mondes* du 15 septembre dernier, et aux relations officielles publiées par l'état-major belge. Le 30 octobre, l'inondation, tardivement ordonnée, mettait une barrière infranchissable entre la ruée allemande et les troupes belges épuisées. Nous ne devons pas oublier qu'à l'héroïsme de ces dernières vinrent s'ajouter la fougue et l'intrépidité de la 42e division française, commandée par Grossetti, et des fusiliers marins de l'amiral Ron'arch. Dixmude, Nieuport et Ramscappelle seront sur nos drapeaux !

En même temps, la masse allemande fond sur Ypres. Sa fureur est augmentée de s'attaquer aux Anglais, qui de l'Aisne sont revenus aux Flandres. Du 20 octobre au 12 novembre, sans relâche, les régiments allemands, que la présence du kaiser exalte, frappent le saillant d'Ypres à coups de bélier formidables. Ils sont insensibles à la mort qui les fauche par milliers. Le commandement français constitue rapidement un groupement d'armée. Aux côtés de French, Foch, entêté et impassible, a déclaré que les Allemands ne passeraient pas. Les corps de d'Urbal rivalisent de ténacité. Un jour, à une heure critique, où la ligne va craquer, le général de brigade Moussy va chercher lui-même et amène au combat cuisiniers, ordonnances, conducteurs, entraîne les blessés et bouche le trou!

Il y eut un moment tragique. Les Anglais ployaient, épuisés, sous le paroxysme de l'attaque. Foch, dans la nuit du 31 octobre au 1er novembre, vint trouver le maréchal French. Il fit appel simplement à l'honneur de l'Angleterre. Les deux chefs s'embrassèrent, et les Anglais tinrent comme à Waterloo!

Le 12 novembre, les Allemands cessèrent d'attaquer, avouant ainsi leur défaite. Des deux côtés les armes tombaient pour ainsi dire des mains. Mais la fleur de la jeunesse allemande jonchait les champs de bataille. Nos pertes, quoique bien moindres, étaient trop fortes pour que nous pussions songer à une contre-offensive qui aurait peut-être refoulé vers Bruxelles les Allemands décimés. Il faut bien reconnaître qu'à partir du 10 octobre la manœuvre française d'enveloppement a dû se transformer en manœuvre défensive contre la supériorité manifeste de la manœuvre allemande. Celle-ci disposait, en effet, des routes les plus courtes pour déplacer et renforcer le groupe des armées d'aile droite, et la possession de la Belgique lui assurait la base d'opérations où se concentraient ses réserves. L'appui à la mer nous a permis de livrer une bataille frontale, dans laquelle l'état-major allemand a suppléé au défaut de la tactique d'enveloppement par la tactique d'écrasement d'une aile sous les coups constamment répétés d'une masse formant pilon. La bataille des Flandres (Yser et Ypres) a été le dernier terme du plan d'offensive allemand, fondé sur sa supériorité numérique et matérielle et sur sa préparation guerrière.

De Charleroi à la Marne, de la Marne à l'Aisne, de l'Aisne à la Somme et à Arras, de l'Artois aux Flandres, à Ypres et à l'Yser, une immense bataille de près de trois mois s'est déroulée en plusieurs actes intimement liés. L'acte de la Marne a été le nœud du drame, l'acte des Flandres l'épilogue. L'historien ne peut les séparer, tout en faisant la part de leur portée respective.

La victoire de la Marne est bien une victoire effective, car elle a rompu l'équilibre et transformé une marche triomphale en une retraite imprévue. C'est bien grâce à elle que nous avons pu libérer une partie des territoires envahis et empêcher les Allemands de se saisir des provinces riveraines de la Manche. Les batailles de la Somme, de l'Artois et des Flandres ont été des défaites allemandes, mais elles n'ont pu donner le caractère décisif à la victoire de la Marne. Elles ont brisé l'offensive allemande, elles n'ont pas autorisé l'offensive alliée libératrice.

On comprend pourquoi l'état-major germanique a pu dissimuler ces graves échecs à ses peuples et les abuser même d'une prétendue victoire. Il lui a été plausible de substituer à la manœuvre stratégique manquée cette *manœuvre morale* qu'a si bien définie l'éminent critique du *Journal de Genève*, le colonel Feyler, dans ses « Avant-propos stratégiques ». Par une habile combinaison de vérité et de mensonge, truquant les communiqués officiels et les rédactions des agences Wolff et autres, dissimulant les revers et enflant les succès, même les plus petits, le gouvernement allemand a convaincu la nation, et jusqu'à un grand nombre de neutres, que la victoire de la Marne était une pure invention. Il lui a suffi de dire qu'il n'y avait jamais eu de bataille de la Marne, et que les batailles de l'Aisne et des Flandres avaient été les garantes de la limite qu'il avait assignée à la conquête des pays convoités, des colonies de peuplement à former en Belgique et dans nos provinces du nord.

Et pour qu'on n'en ignore en France, il nous

suffira de citer un extrait d'un article du général von Bernhardi, paru dans un journal américain, le 23 mars dernier : « Il est vrai que les *avant-gardes* des colonnes allemandes qui s'étaient ouvert un chemin en Belgique et s'étaient avancées en France sur la Marne y rencontrèrent des forces ennemies bien supérieures. C'était l'armée française principale. *Il n'y avait aucune raison* de soutenir une lutte inégale avec elle. L'aile droite de l'armée allemande fut retirée et réussit à établir une solution de continuité sans subir *de pertes qui vaillent d'être mentionnées*, tandis que le centre des forces allemandes conservait ses positions devant les grandes forteresses de Verdun et de Toul. Le plan des Français, qui consistait à tourner l'aile doite de l'armée allemande, échoua complètement. En avançant, ils allongèrent leur aile gauche jusqu'à ce qu'enfin elle atteignit la mer, mais à tout moment il a été possible de leur opposer les troupes allemandes nécessaires, et le succès qu'ils cherchaient devint absolument illusoire lorsque la masse des troupes allemandes *qui jusque-là avait été employée en Belgique* devint disponible et lorsque les renforts venant d'Allemagne purent être amenés au front... Après la prise d'Anvers qui est un fait inégalé dans l'histoire militaire, les Allemands entreprirent la poursuite des ennemis en fuite et les repoussèrent le long de la côte jusqu'au moment où la lutte *prit un caractère stationnaire* sur le front Nieuport-Ypres-Lille... »

Un point, c'est tout. Voilà toute l'histoire à *l'allemande* des trois mois de batailles dont nous venons d'esquisser les tragiques péripéties !

Quatre Mois de Guerre

2 Août — 2 Décembre 1914

— Relation Officielle —

QUATRE MOIS DE GUERRE

Rapport sur l'ensemble des Opérations
du 2 août au 2 décembre 1914

Quatre mois ont passé depuis le début de la guerre. L'orgueil allemand ne prévoyait pas qu'il en pût être ainsi. En trois semaines il s'était flatté de nous terrasser.

Cette simple constatation ne suffit pas cependant à marquer l'importance du résultat que nous avons obtenu. Pour la préciser, il faut suivre, sans restriction ni réticence, du 2 août au 2 décembre, l'enchaînement des faits.

Tout d'abord, notons la force de l'adversaire qui nous fait face.

Nous le savions puissant et minutieusement préparé à cette guerre, que sa diplomatie a préméditée et déchaînée : son effort contre nous a dépassé pourtant les prévisions.

Les forces mobilisées par l'Allemagne sur sa frontière occidentale d'août à novembre représentent en effet 52 corps d'armée, dont voici le décompte :

1° 2 août, 21 corps actifs, 13 corps de réserve :

2° Fin août, 4 corps formés de 17 brigades mixtes d'ersatz;

3° Septembre, 8 corps formés de 33 brigades de landwehr;

4° Octobre, 5 demi-corps de réserve de formation récente, 1 division de fusiliers marins.

A ces 52 corps s'ajoutent 10 divisions de cavalerie.

Au moment où la guerre commence, l'Allemagne garde l'espoir d'un coup heureux sur Nancy. Elle n'ose le risquer en présence de la solidité de notre couverture, puissamment renforcée, comme on sait, à la fin de 1913.

Notre concentration s'achève donc librement, sans accident, et toutes les tentatives de sabotage préparées par l'ennemi sont déjouées.

La régularité de nos transports témoigne dès ce moment de la bonne organisation de notre armée.

Nos échecs d'août.

Notre concentration devait être assez souple pour nous permettre de porter notre principal effort sur le terrain où l'ennemi se montrerait le plus actif.

La violation de la neutralité belge nous renseigne sur les intentions de l'état-major allemand : c'est au nord que se jouera la grande partie.

Obligés d'attendre, pour engager cette partie, l'entrée en ligne de l'armée anglaise, qui ne doit avoir lieu que le 20 août, nous prenons aussitôt des dispositions pour retenir en Alsace et en Lorraine le plus grand nombre possible de corps allemands.

En Alsace, notre première attaque, mal conduite, nous mène à Mulhouse, mais ne peut s'y maintenir (7 août).

Une seconde attaque, dirigée par le général Pau, nous y ramène. Le 20 août, nous tenons, par les Vosges et par la plaine, les accès de Colmar. L'ennemi a subi de grandes pertes.

Mais, dès ce moment, les événements malheureux de Lorraine et de Belgique nous obligent à restreindre en Alsace le champ et l'intensité de notre effort (26 août).

En Lorraine, notre offensive avait brillamment commencé

Le 19 août, nous avions atteint Sarrebourg, les Etangs, Dieuze, Morhange, Delme, Château-Salins.

Mais, à partir du 20, l'ennemi, fortement retranché sur un terrain très organisé, reprend l'avantage.

Le 22, le 23 et le 24, nous devons nous replier sur le Grand-Couronné de Nancy et au sud de Lunéville.

Le 25, une contre-attaque simultanée des armées Dubail et de Castelnau consolide définitivement notre position.

Que s'était-il, entre temps, passé en Belgique ? Sept à huit corps d'armée allemands et quatre divisions de cavalerie, triomphant de la magnifique résistance de Liège, cherchaient à avancer entre Givet et Bruxelles et à prolonger leur mouvement plus à l'ouest.

Dès que l'armée anglaise fut prête dans la région de Mons, nous prîmes l'offensive dans le Luxembourg belge avec les armées des généraux Ruffey et de Langle de Cary. Cette offensive fut immédiatement enrayée avec de grosses pertes pour nous.

Ici encore le terrain avait été fortement organisé par l'ennemi. Il y eut aussi, dans certains de nos corps, des insuffisances d'instruction et d'exécution (21-23 août).

A la gauche de ces deux armées et en liaison avec l'armée anglaise, l'armée du général Lanrezac, inquiète pour sa droite, se replie alors (24 août) sur la ligne Beaumont-Givet.

Le 25 et le 26, l'armée anglaise, mise en échec à Landrecies et au Cateau, se retire vers la Marne.

De sanglants combats marquent ces journées. L'ennemi fait de grosses pertes, mais gagne du terrain constamment.

A ce moment, la situation est la suivante : ou combattre sur place dans des conditions périlleuses résultant du recul de notre gauche, ou reculer sur tout notre front jusqu'à ce que soit possible, dans de bonnes conditions, la reprise de l'offensive.

C'est à ce second parti que s'arrête le général en chef.

La préparation de l'offensive.

La première condition à remplir, c'est de se retirer en ordre et en attaquant pour affaiblir et retarder l'ennemi.

Plusieurs de ces attaques, brillamment conduites, portent à nos adversaires des coups sensibles.

Telles sont celles de l'armée Lanrezac à Saint-Quentin et à Guise, le 29 août, celles de l'armée de Langle sur la Meuse, les 27 et 28, celles de l'armée Ruffey plus à l'est, brillamment soutenues de Nancy aux Vosges par les armées de Castelnau et Dubail, dont l'inflexible fermeté va rendre possible notre manœuvre offensive.

Pour préparer cette offensive, nous avons constitué, le 26 août, à notre gauche, une nouvelle armée, commandée par le général Maunoury. Cette armée doit se concentrer les jours suivants dans la région d'Amiens.

Mais le progrès de l'ennemi, par étapes de 45 kilomètres par jour, est si rapide que, pour réaliser son plan offensif, le général Joffre doit prescrire la continuation de la retraite.

On reculera jusqu'à l'Aube, au besoin jusqu'à la Seine. Tout sera subordonné à la préparation du succès de l'offensive.

Le 5 septembre, les conditions que recherchait le général en chef sont remplies. En effet, notre gauche (armée Maunoury, armée anglaise, armée Lanzerac devenue armée d'Espercy) n'a plus à craindre d'être coupée.

Au contraire, l'armée allemande de droite (général von Kluck), en marchant au sud vers Meaux et Coulommiers, offre son flanc droit à l'armée Maunoury.

Lé 5 au soir, le général en chef ordonne l'offensive générale en ajoutant : « L'heure est venue d'avancer coûte que coûte et de se faire tuer plutôt que de reculer ».

La victoire de la Marne.

Dès le 8 septembre, la menace dirigée par le général Maunoury contre la droite allemande produit son effet.

L'ennemi ramène du sud au nord deux corps d'armée et exécute une conversion face à l'ouest.

Ainsi il présente un point faible à l'armée anglaise, qui, partie le 6 de la ligne Rozoy-Lagny, se redresse immédiatement vers le nord et passe la Marne le 9, prenant de flanc l'armée allemande, qui est aux prises depuis le 6 avec le général Maunoury.

A la droite des Anglais, l'armée d'Esperey attend, elle aussi, et franchit la Marne, repoussant avec énergie ce qui est devant elle et, plus encore, appuyant l'action de ses voisins, armée anglaise à gauche, armée Foch à droite.

C'est en effet sur notre centre, formé de l'armée Foch, qui a été constituée le 20 août, que les Allemands vont chercher la revanche de l'échec de leur droite; car s'ils nous percent entre Sézanne et Mailly, la situation se renversera à leur profit.

Du 6 au 9 septembre, l'armée Foch subit des assauts répétés; mais le 9 au soir, la gauche de cette armée, se portant d'ouest en est vers Fère-Champenoise, prend de flanc la garde prussienne et les corps saxons qui attaquaient au sud-est de cette localité.

Cette manœuvre audacieuse décide du succès. Les Allemands se retirent précipitamment et, le 11 au matin, le général Foch entre à Châlons-sur-Marne.

A sa droite, l'armée de Langle de Cary s'est également portée en avant. Le 12, elle prolonge solidement, après de vives rencontres, l'armée du général Foch.

Simultanément, l'armée Ruffey (devenue armée Sarrail), a pu se redresser vers le nord et, non sans de violents combats, précipiter la retraite allemande, qu'accélèrent, de

Nancy aux Vosges, les opérations offensives des armées de Castelnau et Dubail.

Par le « rétablissement stratégique » que nous avons accompli, nous avons donc repris sur l'ennemi l'avantage. Nous l'avons conservé depuis lors.

La course à la mer

Dès le 13 septembre, la résistance allemande, appuyée sur de fortes organisations défensives préparées à l'avance, nous interdisait d'espérer que la poursuite pût se continuer sans arrêt. Une nouvelle bataille commençait.

Dans cette bataille, l'état-major allemand garde l'espoir de tourner notre gauche, comme nous formons celui de déborder sa droite.

Le développement de ces deux efforts caractérise cette phase de la guerre.

Il en résulte une lutte de vitesse qui, à la fin d'octobre, prolonge jusqu'à la mer du Nord les fronts en présence : c'est véritablement la « course à la mer ».

Dans cette course, les Allemands ont sur nous un avantage : la forme concentrique de leur front, qui abrège leurs transports.

Malgré cet avantage, le mouvement enveloppant de leur droite, poursuivi avec 12 corps actifs, 6 corps de réserve et 4 corps de cavalerie, a totalement échoué.

Cet échec a été la confirmation de la victoire de la Marne.

Dès le 11 septembre, le général Joffre a orienté contre la droite allemande l'effort de l'armée Maunoury. Mais cette armée, avec les effectifs dont elle dispose, ne peut suffire à la tâche.

Vers le 20 septembre, une nouvelle armée est donc constituée à la gauche de l'armée Maunoury et confiée au général de Castelnau.

Cette armée s'établit fortement dans la région Lassigny-Roye-Péronne, appuyée à sa gauche par les divisions territoriales du général Brugère (21-26 septembre).

Mais, pour atteindre notre but, ce n'est pas encore assez et, le 30 septembre, plus haut que l'armée de Castelnau, c'est l'armée de Maud'huy qui entre en ligne, occupant la région d'Arras et de Lens et se prolongeant vers le nord pour donner la main aux divisions sorties de Dunkerque.

Ce n'est là, toutefois, en présence de l'énorme effort de l'ennemi, qu'un cordon de troupes trop mince et trop tendu.

A ce moment, à la demande du maréchal French, le transport de l'armée anglaise de la région de l'Aisne à la région de la Lys est décidé.

De même, la vaillante armée belge sortie d'Anvers le 9 octobre et couverte par des marins anglais et français, viendra, dans la région de d'Yser, renforcer la barrière qu'il faut créer et maintenir.

Mais ces mouvements prennent du temps. L'armée anglaise ne pourra entrer en action sur son nouveau théâtre que le 20 octobre. L'armée belge, d'autre part, qui vient de se battre trois mois manque momentanément de munitions.

Le général en chef n'hésite pas et prescrit un nouvel effort.

Dès le 4 octobre, il a chargé le général Foch d'aller coordonner sur place les opérations des armées du nord.

Le 18, il met à sa disposition des renforts qui, constamment accrus jusqu'au 12 novembre, vont constituer l'armée française de Belgique, sous les ordres du général d'Urbal.

Cette armée, de concert avec les Belges et un corps anglais, opérera désormais entre la mer et la Lys.

Le *Journal de Genève*, appréciant cette période de la guerre, a écrit que le commandement français, par la rapidité et l'ampleur de ces transports, y avait témoigné d'une « maîtrise incomparable ».

Le résultat de cet effort, c'est la faillite totale de l'attaque allemande dans les Flandres.

L'échec allemand des Flandres.

Cette attaque allemande, que le *Bulletin des Armées* a déjà retracée dans son numéro du 25 novembre, va être d'une violence inouïe.

12 corps d'armée et 4 corps de cavalerie sont accumulés entre la Lys et la mer.

L'Empereur est venu sur place prendre la direction des opérations.

Des proclamations adressées aux troupes leur ont rappelé qu'il s'agit maintenant de frapper le « coup décisif ».

Ce coup décisif, c'est soit de percer en longeant la mer pour atteindre Dunkerque, Calais, Boulogne, soit de percer sur Ypres et d'y proclamer l'annexion de la Belgique.

Pour y réussir, l'état-major allemand, trois semaines durant, procède par attaques répétées, furieuses, en masses profondes, que décime l'artillerie des alliés.

Dès le 12 novembre, il nous est permis d'établir le bilan de ces assauts confirmé par les semaines suivantes, et ce bilan est, pour nous, une victoire.

De la mer à Dixmude, l'armée belge, le général Grossetti et l'amiral Ronarc'h ont tenu d'abord la ligne du chemin de fer de Nieuport à Dixmude, ensuite la rive gauche de l'Yser.

L'ennemi, qui avait poussé un corps d'armée sur la rive gauche, a dû se retirer, il n'a jamais pu déboucher de Dixmude.

Plus au sud, de Dixmude au nord d'Ypres, même situation.

Les Allemands, qui, le 10 novembre, ont franchi la rivière en deux points, ont été repoussés de l'autre côté, et c'est maintenant le général Humbert qui a sur la rive droite les têtes de pont.

A l'est d'Ypres, les généraux Dubois, Balfourier et Douglas Haigh n'ont pas cédé en trois semaines un pouce de terrain.

Au sud, où l'attaque allemande a été particulièrement ardente, parce qu'elle visait nos communications, nos troupes et les troupes anglaises ont regagné tout le terrain un moment perdu et s'y sont installées de façon inexpugnable.

Dans la seconde quinzaine de novembre, l'attaque allemande, brisée, s'est ralentie. L'infanterie s'est de moins en moins engagée. L'artillerie même a montré de moins en moins d'activité.

L'ennemi, dans la seule bataille d'Ypres, a perdu au moins 12.000 hommes.

Jamais offensive plus soigneusement préparée, plus furieusement menée, n'a subi échec aussi complet.

La guerre de siège de la Lys aux Vosges.

Pendant que cette grande bataille se livrait en Belgique, la guerre a continué sur le reste du front, prenant le caractère d'une guerre de siège, de tranchée à tranchée, opposant les unes aux autres des organisations défensives également formidables.

Il est superflu d'insister sur le mérite qu'ont eu nos troupes à soutenir cette guerre pied à pied, à ne jamais céder et à progresser souvent, malgré la charge que leur imposait le transport dans le Nord d'effectifs importants français et anglais.

En liaison directe avec les armées du Nord, l'armée du général de Maud'huy et celle du général de Castelnau tiennent sans un seul fléchissement, du milieu d'octobre à la fin de novembre, le front de la Lys à Noyon.

Depuis la fin d'octobre, leur progrès est continu : affermissement de nos positions à Arras et à La Bassée; prise du Quesnoy-en-Santerre; avantage constant acquis à notre artillerie et à notre infanterie en toutes rencontres avec l'ennemi.

Entre l'Oise et l'Argonne, les armées Maunoury, d'Esperey et de Langle de Cary trouvent en face d'elles des positions très fortes, hauteurs de l'Aisne, de Berru, de Nogent-l'Abbesse, de Moronvilliers, élévations boisées de l'Argonne occidentale.

En septembre, elles ont à soutenir une attaque générale, très rudement conduite. Cette attaque est repoussée, notamment à l'est de Reims, le 26 septembre.

L'empereur a assisté à cet échec de ses troupes, comme huit jours plus tard à celui d'Ypres.

De notre côté, à des offensives violentes qui risquaient d'être plus onéreuses que productives, on a substitué des opérations de moindre envergure qui nous ont permis souvent de gagner du terrain.

De l'Argonne aux Vosges, même état de choses.

Nos armées — armée Sarrail et armée Dubail — remplissent avec méthode et succès la tâche qui leur est confiée : protéger notre flanc droit contre toute attaque partie de Metz-Thionville; maintenir en face d'elles par une offensive continue le plus grand nombre possible de corps allemands; libérer autant que faire se peut le sol national occupé par l'ennemi, notamment en Woëvre et autour de Verdun.

Dans une première période (13-29 septembre), l'ennemi prend le dessus, s'installe à Saint-Mihiel, pénètre sur les Hauts de Meuse et serre de près Verdun.

Dans une seconde période (1er octobre-30 novembre), nous ressaisissons l'avantage.

Nous donnons de l'air à Verdun. Nous fermons à l'ennemi le débouché de Saint-Mihiel. Nous progressons à l'est de Nancy, définitivement à l'abri des obus allemands, au nord de Lunéville, au nord-est et à l'est de Saint-Dié.

En novembre, nous avons reconquis entre Belfort et la Moselle la presque totalité du territoire envahi.

Notre situation au 1er décembre.

Tels sont les faits essentiels de la campagne dans leur enchaînement véridique.

On sait de quels actes héroïques ils ont été l'occasion pour nos troupes. Nous nous bornerons, en concluant, à préciser, au début de décembre, la situation de nos armées.

Quant au nombre, l'armée française est aujourd'hui égale à ce qu'elle était au 2 août, toutes les unités ayant été recomplétées.

La qualité de la troupe s'est infiniment améliorée. Nos hommes font aujourd'hui la guerre en vieux soldats. Ils sont tous profondément imbus de leur supériorité et ont une foi absolue dans la victoire.

Le commandement, renouvelé par des sanctions nécessaires, n'a commis, dans les trois derniers mois, aucune des erreurs constatées et frappées en août.

Notre approvisionnement en munitions d'artillerie s'est largement augmenté. L'artillerie lourde qui nous manquait a été constituée et jugée à l'œuvre.

L'armée anglaise a reçu en novembre de très nombreux renforts. Elle est plus forte numériquement qu'à son entrée en campagne. Les divisions de l'Inde ont achevé leur apprentissage de la guerre européenne.

L'armée belge est reconstituée à six divisions, prête et résolue à reconquérir le sol national.

Le plan allemand a enregistré sept échecs d'une haute portée :

Échec de l'attaque brusquée projetée sur Nancy;

Échec de la marche rapide sur Paris;

Échec de l'enveloppement de notre gauche en août.

Échec de ce même enveloppement en novembre;
Échec de la percée de notre centre en septembre;
Échec de l'attaque par la côte sur Dunkerque et Calais;
Échec de l'attaque sur Ypres.

Dans cet effort stérile, l'Allemagne a épuisé ses réserves. Les troupes qu'elle forme aujourd'hui sont mal encadrées et mal instruites.

Or, de plus en plus, la Russie affirme sa supériorité aussi bien contre l'Allemagne que contre l'Autriche.

L'arrêt des armées allemandes est donc fatalement condamné à se changer en retraite.

Voilà l'œuvre des quatre derniers mois. Il était opportun de la présenter dans son ensemble, en laissant à la presse européenne le soin de la commenter et de la juger.

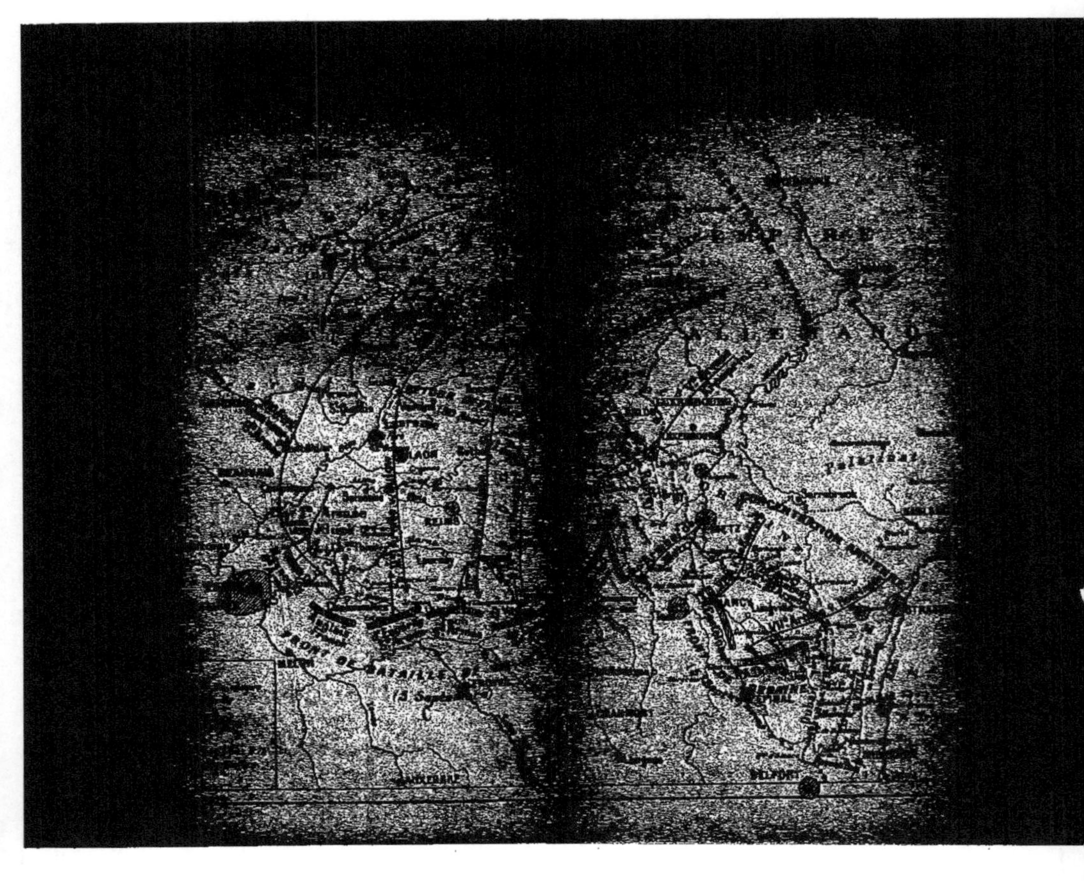

Sambre-et-Meuse.

L'attaque par les Ardennes.

Cet article a été publié sous la signature « Colonel X... » dans le *Petit Journal* du 14 septembre 1913! Nous avons jugé intéressant de le joindre à cette brochure, pour montrer que le plan allemand d'attaque par la Belgique avait été démasqué avant la guerre.

SAMBRE-ET-MEUSE

L'Attaque Allemande par les Ardennes.

L'armée belge vient de faire des manœuvres qui ont excité un certain intérêt. Elles ont eu pour objet l'étude du passage et de la défense de la Meuse, entre Namur et Dinant, au-dessus du saillant français de Givet, contre un ennemi venant de l'Est.

« Venant de l'Est! » toute la portée de ces opérations est dans ces mots. L'Est, c'est l'Allemagne! C'est donc l'hypothèse de la violation de la neutralité de la Belgique par l'Allemagne qui était en cause; c'est la résistance à cette agression, dont la probabilité a paru s'accentuer depuis quelque temps, qui a dominé en réalité le problème stratégique et tactique. Peu importent les détails et les résultats plus ou moins contestables des opérations des deux partis. Personne ne s'y est trompé, pas plus en Allemagne qu'en France. C'est toute la question de l'attaque allemande par les Ardennes qui a été posée de fait et discutée à nouveau, avec une ampleur que comportent justement les circonstances actuelles.

La polémique engagée doit se continuer devant le Parlement à la rentrée prochaine. Des préoccupations sur la valeur défensive de notre frontière du Nord et sur les précautions prises par notre état-major s'en sont suivies dans

la presse de façon à émouvoir l'opinion publique. J'ai sous
les yeux une brochure récente du général Herment : *L'état
des forteresses belges et sa répercussion sur la défense de
notre frontière du Nord*, qui résume fort bien la question.
Sans préjuger des dispositions prises par notre haut commandement, que j'ignore, bien entendu, mais qui doivent
s'inspirer des certitudes acquises j'en suis convaincu, j'expo-
serai brièvement aux lecteurs du *Petit Journal* les quelques
considérations essentielles sur lesquelles tout le monde peut
et doit être être d'accord.

*
* *

La question est double. Il s'agit tout d'abord de la violation de la neutralité de la Belgique. C'est le point capital,
car l'offensive allemande, tant dans ses directions d'attaque
que dans sa réussite possible, dépendra fatalement de l'attitude de la Belgique et de l'intervention de l'armée belge.
On peut donc se demander, et ce point d'interrogation a
été certainement sous-entendu dans les manœuvres de la
Meuse, d'une part, si la Belgique est fermement résolue à
défendre sa neutralité contre toute violation de territoire,
d'autre part si son état militaire lui permet de faire face
aux éventualités d'attaque.

Je ne veux pas, en ce court exposé, essayer de démêler
et de discuter les sentiments, les tendances et les forces
réelles de la Belgique. Je constate simplement que le gouvernement belge fait actuellement un effort très sérieux
pour renforcer l'armée et l'organisation défensive. Je suis
convaincu aussi que tous les Belges sont profondément unis
pour la sauvegarde de leur indépendance, acquise après tant
de luttes, et qu'ils se lèveront en masse contre l'agresseur,
quel qu'il soit, qui la menacera. Mais, précisément, qui
est-ce qui peut menacer cette indépendance ? Qui peut
avoir intérêt à absorber la riche Belgique ? La réponse n'est

pas douteuse. Elle nous est donnée par le chœur outrecuidant des pangermanistes, par tous ces nombreux Allemands installés à Anvers et autres lieux, qui apparaissent comme les fourriers de l'annexion convoitée. En outre, à qui peut servir stratégiquement l'invasion des pays meusiens, sinon à l'armée allemande?

S'il est une justice à nous rendre, c'est que jamais en France, ni par la plume ni par la parole, la violation de la neutralité belge n'a été envisagée, encore moins l'annexion. Nous n'y avons aucun intérêt politique ni militaire, et ce serait un lieu commun de mettre en avant dans l'espèce les gages d'amitié et de désintéressement que nous avons donnés à la Belgique depuis que nous l'avons aidée à se nationaliser.

L'ennemi, pour la Belgique comme pour nous, c'est bien celui qui vient de l'Est. Et en admettant que la Belgique attende le fait brutal de l'invasion pour prendre le parti que les circonstances lui imposeront, il nous paraît d'une logique indiscutable qu'elle soit prête — et qu'elle le fasse connaître — à joindre ses forces à celui qui, ayant respecté sa neutralité, serait traîtreusement attaqué par les routes interdites. Il ne s'agit pas d'alliance préventive, mais de résolutions bien nettes, bien affirmées, qui seront appuyées, au moment opportun, par une armée de 200.000 bons soldats. J'ai déjà dit dans ces colonnes ce que je pensais de l'intervention probable de l'armée anglaise en coopération avec l'armée belge. On devrait, semble-t-il, conclure de nos relations actuelles avec l'Angleterre, comme aussi des préoccupations connexes de celle-ci et de la Belgique, que des conventions de guerre précises seraient la meilleure des sauvegardes contre l'hégémonie économique et militaire de l'Allemagne. Mais nous sommes trop avertis par les leçons du passé pour nous en fier aux poignées de mains les plus cordiales et aux meilleures intentions. C'est pourquoi il faut voir clair dans nos propres affaires et parer au

événements, dans la juste mesure des dangers qu'ils recè-
lent.

Qu'avons-nous donc à craindre du côté de la frontière
belge?

Notre frontière du Nord rejoint la frontière franco-
allemande au coin du Luxembourg. La frontière allemande,
tant avec le Luxembourg qu'avec la Belgique et la Hollande,
remonte au nord, entre Meuse et Rhin.

La concentration principale des Allemands contre la
France est donc rejetée entre Moselle et Rhin, dans le Palatinat et la Lorraine annexée. Et j'ai maintes fois exposé à
mes lecteurs les conditions de cette concentration et du
débouché des masses allemandes entre Thionville et Belfort,
sur un front qui ne dépasse pas 150 kilomètres. Aussitôt
la frontière franchie, les directions stratégiques allemandes
doivent diverger et s'étaler pour atteindre la Meuse, de
Mézières à Langres, et elles trouvent devant elles les zones
fortifiées Verdun-Toul, Epinal-Belfort, qui servent d'appui
à nos armées d'opérations. Il y a donc une *crise de
manœuvre* pour le débouché des masses allemandes. L'état-
major allemand a pensé la conjurer par la rapidité de son
offensive et la brutalité de son attaque. C'est à déjouer un
tel projet que doit servir, on le sait, notre armée de couverture, en attendant l'entrée en ligne de nos armées.

On a pu dire que jusqu'à ces derniers temps toute la doctrine stratégique allemande consistait à forcer le passage
de la Moselle et de la Meuse et à ne commencer la manœuvre
décisive qu'au delà.

Avec l'accroissement de l'armée allemande, qui est
passée de 21 à 25 corps d'armée, *et qui peut mettre en
ligne, en outre, une masse égale de formations de
réserve,* et en face des difficultés de ce forcement immé-

diat, qui apparaissent de plus en plus grandes, l'idée s'est
fait jour d'élargir les zones d'opérations et la manœuvre
initiale, en traversant d'une part le Luxembourg, déjà
presque sous la vassalité allemande, et d'autre part les
Ardennes belges, avoisinants. Le Luxembourg ne donne,
en effet aucun débouché par lui-même. Par les Ardennes,
au contraire, on atteint la Meuse entre Givet et Stenay, don-
nant ainsi à l'aile droite allemande l'ampleur d'enveloppement qui lui manque entre Thionville et Metz. L'idée paraît
séduisante et avantageuse au premier aspect. Elle le serait
encore plus peut-être si cette armée d'aile droite s'étendant
au nord, franchissait la Meuse vers Dinant et, empruntant
les chemins fameux de Sambre-et-Meuse, faisait irruption
par la non moins fameuse trouée de l'Oise, sur les derrières
de la Meuse.

De l'idée à l'acte, il y a heureusement quelques petits
obstacles, dans le temps et dans l'espace, comme nous disons
en style militaire.

La concentration de cette grande armée d'aile droite
allemande, qui pourrait comprendre plusieurs corps d'armée
et des divisions de réserve, se ferait sans doute facilement
entre Trèves et Aix-la-Chapelle, grâce aux voies ferrées
aménagées aboutissant dans cette région à Aix-la-Chapelle,
à Malmédy, à Saint-With, à Trèves. Mais ces voies ferrées
ne se prolongent pas toutes dans les Ardennes. La grande
ligne d'Aix-la-Chapelle passe la Meuse à Liège, sous les
feux de la place. La ligne de Malmédy n'a pas encore rejoint
la ligne belge à Stavelot, malgré les efforts de la diplomatie
allemande pour supprimer cette coupure désagréable.
Seules, les lignes de Saint-With à Libramont et de Trèves à
Luxembourg aboutissent, non sans détour, près de la frontière. Si huit routes d'invasion permettent aux grosses
colonnes de s'avancer vers la Meuse, quatre de ces routes
traversent le mauvais pays ardennais, dit des Hohe Wenn
et de la Famenne, et ne sont guère utilisables qu'à des

détachements. Les quatre autres s'inclinent vers le Sud-Ouest et viennent buter contre la Semoy et la Chiers, deux rivières peu importantes, mais qui n'en forment pas moins des obstacles assez sérieux. Or de la frontière belgo-allemande à la Meuse belge et à notre frontière ardennaise il faut compter de *quatre à six marches*. Conclusion : les opérations de cette offensive à travers les Ardennes ne commenceront que plusieurs jours après celles de Lorraine, *et nous serons toujours avertis à temps*, nous comme les Belges, à la fois de la concentration de l'armée d'aile droite et de son entrée en territoire neutre.

Toutes réserves faites de l'intervention anglo-belge, il nous suffit donc de prévoir le coup pour le parer, et nous y avons toute facilité, soit par un dispositif préalable d'armées de réserve entre Saint-Quentin et Mézières, soit par le jeu de notre aile gauche vers le front Givet-Longwy.

Ne nous alarmons donc pas. Je dirai presque souhaitons que les Allemands se laissent aller à cette extension démesurée de leur déploiement stratégique et à cet odieux attentat contre la neutralité d'un petit État.

Maintenant, est-il nécessaire d'augmenter, dans cette éventualité, l'organisation défensive de notre frontière du Nord ? Ce n'est certes pas sans de bonnes raisons qu'après 1871 le comité de défense créa les places de Lille et de Maubeuge, avec les forts de l'Escaut, d'Hirson, des Ayvelles, de Montmédy. Depuis lors, on a reporté tout l'effort à la frontière de Lorraine. La frontière du Nord passa au second plan, pour ne pas dire au troisième. Quelques forts furent déclassés, et il a été question dernièrement de démanteler Lille. J'ai dit ce que je croyais être la note juste sur les dangers de l'offensive allemande par Sambre-et-Meuse et les Ardennes. Mais trop de précautions ne nuisent jamais, surtout quand il s'agit de rassurer le sentiment public. Laissons donc à Lille ses remparts, les faubourgs passeront au delà.

Gardons Maubeuge comme place de première ligne, en l'améliorant. Elle a déjà de la valeur. Sans faire de Mézières une place forte, renforçons ce point de passage important par deux ou trois forts du type des *festes* allemands.

Surveillons surtout notre frontière ardennaise, comme celle de Lorraine, empêchons-y l'infiltration et l'espionnage allemands et ayons confiance dans notre armée qui, par chemins lorrains et alsaciens, et ardennais au besoin, saura refouler l'ennemi, d'où qu'il vienne !

TABLE DES MATIÈRES

BIBLIOTHEQUE NATIONALE DE FRANCE
3 7531 03634354 0

www.ingramcontent.com/pod-product-compliance
Ingram Content Group UK Ltd.
Pitfield, Milton Keynes, MK11 3LW, UK
UKHW021529090726
13657UKWH00001B/483